国家文化产业资金支持媒体融合重大项目

21世纪高等教育会计通用教材

省级精品课程配套教材

基础会计学综合模拟实验

Jichu Kuaijixue Zonghe Moni Shiyan

东北财经大学出版社
Dongbei University of Finance & Economics Press
大连

图书在版编目（CIP）数据

基础会计学综合模拟实验 / 李占国，梁海燕主编. —5版. —大连 ：东北财经大学出版社，2023.1（2025.6重印）
（21世纪高等教育会计通用教材）
ISBN 978-7-5654-4668-9

Ⅰ. 基… Ⅱ. ①李… ②梁… Ⅲ. 会计学-高等学校-教材 Ⅳ. F230

中国版本图书馆CIP数据核字（2022）第212036号

东北财经大学出版社出版
（大连市黑石礁尖山街217号 邮政编码 116025）
网 址：http://www.dufep.cn
读者信箱：dufep@dufe.edu.cn
大连金华光彩色印刷有限公司印刷 东北财经大学出版社发行

幅面尺寸：285mm×205mm 字数：445千字 印张：19.25 插页：15
2023年1月第5版 2025年6月第6次印刷

责任编辑：包利华 责任校对：张晓鹏
封面设计：冀贵收 版式设计：原 皓

定价：48.00元

教学支持 售后服务 联系电话：（0411）84710309

如有印装质量问题，请联系营销部：（0411）84710711

第五版前言

习近平总书记在党的二十大报告中明确指出："教育是国之大计、党之大计。培养什么人、怎样培养人、为谁培养人是教育的根本问题。育人的根本在于立德。全面贯彻党的教育方针，落实立德树人根本任务，培养德智体美劳全面发展的社会主义建设者和接班人。坚持以人民为中心发展教育，加快建设高质量教育体系，发展素质教育，促进教育公平。"这为广大的教育工作者指明了前行的方向，我们要将此精神贯穿在教材编写过程中。

《基础会计学综合模拟实验》自2014年8月面世以来，其编写体例、版式设计和编写风格，开创了会计实训教材编写的先河，得到了广大读者的认可和好评。在此期间会计准则及税收法规发生了许多变化，对会计实验教学产生了诸多影响，本次修订除秉承第四版的编写风格和基本内容外，主要变动体现在以下几个方面：

第一，培根铸魂立德树人，加强课程思政建设。结合专业特点与教材内容，设计了"会计论道与素质教育"栏目：❶穿插有**"天堂和地狱""自己建造的房子""贪婪的猴子"**等8个趣味性小故事，通过"教授寄语"的方式进行**画龙点睛并传递正能量**；❷以"新闻速递"二维码的形式，搜集整理新闻报道上市公司财务造假等8个反面案例视频，潜移默化地培养学生的专业诚信意识、职业精神和工匠精神，以及法治意识与风险防范意识。

第二，适度超前，增值税纸质发票和电子发票更新为"全电发票"。❶顾名思义，"全电发票"就是全面数字化电子发票，是由税务局为实现发票全领域、全环节、全要素电子化的目的所推行的一种以过去的电子发票为基础所进化的发票形式。❷"全电发票"是一种全新增加的票种，没用联次，也就是只有一联；没有发票代码，只有发票号码并具有唯一性，如同身份证号一样；"购买方信息"和"销售方信息"栏变得更加简洁，只有名称和税号，没有银行账号和地址；无需使用税控专用设备，无需办理发票票种核定，无需领用全电发票，使用电子发票服务平台即可开票。❸自2022年4月1日起，在广东地区（不含深圳市）、上海市、内蒙古自治区的部分纳税人中开展"全电发票"试点，自2022年8月28日起全国都可以接收"全电发票"。

第三，按照最新会计准则，职工福利支出与分配同时进行。职工福利费由原来按照工资总额的14%计提并计入有关资产成本和期间损益，改为用于职工的各种福利费支出，在借记"应付职工薪酬——职工福利"账户、贷记"银行存款"等账户的同时，根据受益对象和比例分配计入有关资产成本和期间费用，借记"生产成本"等成本费用类账户，贷记"应付职工薪酬——职工福利"账户。

第四，按照会计实务，更新银行结算方式。将实际工作中不常用的"委托收款""转账支票"等银行结算方式，大多数更新为“企业网银”结算方式。

第五，减少业务笔数，降低业务难度。❶由第四版的72笔业务减少为70笔业务；❷将费用结算期与月度会计期间不一致的水电费，由虚设“其他应付款”账户进行过渡，改为在直接支付时按照受益对象与比例进行分配并计入有关资产成本和期间费用。

第六、加强立体化教学资源建设，内容丰富，便教利学。为保证教学活动的顺利开展，本教材配套了丰富的教学资源：❶包括三个教学文件（教学大纲、授课计划、教案）、参考答案、PPT课件等传统的教学资源；❷依托出版社二维码平台，开发了便于教师讲授和有利于学生自主学习的“税收政策变化”“传统国学文化”“会计微课视频”“会计记账技术”等多种形式的教学资源。

通过本书的学习，学生可以快速、全面地将基础会计学的基本知识活学活用并融会贯通：❶增强感性认识，包括：认识“账为何物”，明确“账从何来”，清楚“账有何用”；❷从整体上把握各种核算方法之间的联系，达到进一步提高学生的会计综合职业能力之目的；❸培养学生对会计工作的“三心”（耐心、细心、责任心）并强化其会计的“专业意识”；❹为“中级财务会计”等后续专业课程的顺利学习和将来从事会计工作奠定坚实的基础。

本次修订由上海建桥学院李占国教授和梁海燕副教授主持。山西省文化旅游投资控股集团有限公司高级会计师尚永康（注册会计师、法律职业资格）进行了资料和参考答案的初步整理工作，并提供了会计实践和税收实践案例素材，从会计实务角度对原始凭证的格式和填制方法等有关内容进行指导，在此表示衷心的感谢！教材编写是一项非常具体和细致的工作，尤其是会计模拟实验教材涉及大量的、前后连贯并具有钩稽关系的数据，其中的艰辛和工作量之大是可想而知的。尽管我们付出了极大努力，但书中仍难免有不妥之处，恳请读者批评指正。

编　者

2023年1月

第一版前言

在我国产业转型升级和高等教育大众化甚至普及化的今天，“为进入应用科学和现代技术领域的学习者提供学术和就业准备的教育”（《不列颠百科全书》）的应用型人才的培养，已成为普通高等教育的主流。因此，为会计学、财务管理、审计等经济管理类专业编写一本适合其生源基本素质、符合会计工作基本流程和岗位设置分工的实际情况，并高度仿真的《基础会计学综合模拟实验》教材，使学生更好地掌握基础会计学的基本理论、基本方法和基本技能，提高学生对实际会计工作的感性认识和动手能力，达到“有效教学”之目的，是我多年的心愿和本实验教材编写的出发点和最终归宿。

本书是上海市级精品课程“会计学原理与实务”的配套实验教材，依据2014年1月财政部印发的修订后的《企业会计准则第9号——职工薪酬》、《企业会计准则第30号——财务报表列报》以及2013年12月财政部、国家税务总局印发的《关于将铁路运输和邮政业纳入营业税改征增值税试点的通知》，即“营改增”政策等相关会计准则和税收法规，以掌握会计核算基本流程和培养基本技能为重点，以一个小型制造业企业的生产和销售为模拟对象，搜集、整理模拟原型企业的经营活动，从中筛选出不同种类和较为典型的会计交易或事项，按照会计工作流程，进行综合、系统的组织编写。

通过本书的学习，学生可以快速、全面地将基础会计学的基本知识活学活用并融会贯通：❶增强感性认识，包括：**认识**“账为何物”，**明确**“账从何来”，**清楚**“账有何用”；❷从整体上把握各种会计核算方法之间的联系，达到进一步提高学生的会计综合职业能力之目的；❸培养学生对会计工作的“三心”（耐心、细心、责任心）并强化其会计的“专业意识”；❹为“中级财务会计”等后续专业课程的顺利学习和将来从事会计工作奠定坚实的基础。

本书在编写过程中，融合了作者多年从事会计模拟实验教学的体会和教材编写的丰富经验，在以下几个方面进行了有益的尝试：

（1）内容时效性。按照最新会计准则和税收法规组织教材内容，尤其是“营改增”税收法规制度的改革在本实验教材的内容中都有所体现。

（2）格式仿真性。❶本教材的原始凭证都直接来源于实际工作单位并套红印刷；❷所给出的实验用空白记账凭证、账簿、封面、扉页与实际工作中使用的种类、格式、颜色完全相同。

（3）操作方便性。❶本书提供了全部实验操作所用的空白凭证、账簿等材料，读者不需要再单独购买；❷本书采用单面印刷和沿书脊钢模压线（孔），便于实验操作时撕裁；❸实验操作开始时，先将本书附录给出的日记账、明细账、总账、账簿封面和封底等沿书脊左（下）侧的钢模压线（孔）撕下，将各账簿按照顺序整理加具各自的封面、封底后，日记账和总账用订书机沿装订线打钉装成订本式账簿，明细账用账绳从装订孔穿过并打活结装成活页式账簿；❹本书所给空白记账凭证，可以用一张撕一张，不必全部撕下；❺本书所给空白凭证、账簿留有一定的余量，便于学生做错时替换。

（4）篇幅节约性。为在有限的篇幅内增大信息量，将“会计交易或事项的文字描述及账务处理提示”印刷在对应原始凭证的背面，既便于学生对原始凭证的理解与核对，又节约了篇幅。

（5）资源丰富性。为方便教师授课，扩大学生的学习空间和延展学生的学习时间，本书还配有课程网站（网址：http://ppa.sdjues.com），同时，提供了两种形式的参考答案：❶按照实际工作中使用的凭证、账表格式所做的并以电子文档形式提供的完整答案；❷按照实际工作中使用的凭证、账表格式所做的手工书写的并以电子文档（扫描）提供的完整答案。任课教师也可登录东北财经大学出版社网站（www.dufep.cn）免费下载。

本书在编写过程中，徐言琨副教授和张丞斌注册会计师提供了大量的原始材料并参与了部分初稿的编写工作，靳磊副教授和陈瑛副教授提出了很多修改建议和意见，王子军、梁萌、周萍进行了资料和参考答案的初步整理工作，在此一并表示衷心的感谢！教材编写是一项非常具体和细致的工作，尤其是会计模拟实验教材涉及大量的、前后连贯并具有钩稽关系的数据，其中的艰辛和工作量之大是可想而知的。尽管我们付出了极大努力，但书中难免仍有不妥之处，恳请读者批评指正。

李占国

2014年6月

目　　录

二维码资源导航

会计论道与素质教育

- 囚徒困境；零容忍全覆盖　严惩资本大鳄
- 砌墙工人的命运；东芝公司亏损造假　昔日500强跌落神坛
- 天堂和地狱；内部控制缺失　会计蚂蚁搬家挪走公款600万元
- 君子报仇；左右倒手关联交易　青岛华光被处罚
- 贪婪的猴子；与华尔街与狼共舞　小米上市艰难历程
- 一张讨债单；粉饰报表伪造单据　华锐风电“吃”项格罚单
- 薪酬差别；躲在20㎡房间　疯狂造假5.8亿
- 自己建造的房子；谎言连环套中套　物流账单露马脚

税收政策变化

- 增值税税率变化及“营改增”历程
- 购进国内旅客运输服务进项税额抵扣
- 所得税纳税申报表填报说明
- 小型微利企业判定标准

会计小幽默

- 幽默会计给女友的情书

传统国学文化

- 会计达人的工作、学习与生活古诗词对答

会计微课视频

- 学会计的10个理由
- 企业寓言：会计情商培养
- 增值税税率变化及“营改增”历程
- 全面深化增值税改革
- 细说“六税两费”减征的政策规定
- 小微企业所得税优惠咋享受
- 手工穿线装订方法演示视频
- 热熔一体机凭证装订法
- 会计记账小写金额书写规范
- 错账更正：划线更正法
- 错账更正：红字更正法（一）
- 错账更正：红字更正法（二）
- 错账更正：补充登记法

会计记账技术

- 甲式账的登记方法
- 乙式账的登记方法
- 多栏式明细分类账的登记方法
- 库存现金日记账的登记方法
- 总分类账的登记——逐笔登记法
- 总分类账的登记——汇总登记法
- 结算类明细分类账的结账方法
- 损益类明细分类账的结账方法
- 银行存款日记账的结账方法
- 总分类账的结账方法

第一章 绪 论

学会计的10个理由

企业寓言：
会计情商培养

幽默会计给
女友的情书

一、基础会计学综合模拟实验的意义

基础会计学综合模拟实验，是高等院校会计专业学生职业能力培养的一门技能训练课程，既是基础会计理论教学的必要补充，又是后续专业课程理论教学及模拟实验的基础。学生在学完基础会计学课程后，应进行一次较为完整、系统的会计核算的实际操作。

作为会计职业能力培养的一门专项技能实操课程，本书整合了制造业企业典型的会计交易或事项，按照会计核算程序，从建账开始，经过填制和审核原始凭证及记账凭证、登记明细账和总账，最后编制会计报表，完成一个会计循环。通过模拟实验：❶完整地掌握《基础会计学》教材各章节之间的联系，加深对会计循环的理解；❷掌握会计操作的基本技能，锻炼学生的实际工作能力；❸培养学生良好的工作作风和职业素养。

二、基础会计学综合模拟实验的内容

以反映企业会计工作的全过程为框架，按照会计核算的流程和环节，设计若干个对会计交易或事项进行账务处理的实操项目，构成了基础会计学综合模拟实验的内容。

（1）**认知企业及会计工作**，包括：了解企业基本情况、企业内部会计制度、会计工作组织方式。

（2）**建账**，包括：熟悉建账流程，建立账簿文件，设置会计科目，登记期初金额。

（3）**日常会计交易或事项处理**，包括：银行借款和接受投资、存货采购及付款、固定资产和无形资产购进及付款、一般销售及应收款项的核算等。

（4）**成本核算与期末会计事项的处理**，其中，成本核算包括：材料费用、职工薪酬、折旧费用、水电费用等成本费用的归集与分配以及产品成本的计算；期末会计事项的处理包括：计提费用、计算结转本月应交的各种税费、结转损益、计算利润和利润分配、期末进行试算平衡和对账与结账。

（5）**会计报表的编制**，包括：编制资产负债表、利润表。

（6）**会计档案的归档与保管**，包括：会计凭证的装订及保管、会计报表及会计账簿的装订及保管。

三、模拟实验企业概况

会计达人工作、
学习与生活诗词对答

（1）企业名称、法定代表人、地址及电话：浦江市永春机械公司，李永春；浦江市建设路68号，0513-98706543。

（2）机构设置及负责人：财务科（钱一凡）；供销科（卜发愁）；办公室（赵婉茹）；生产车间（高安全）。

（3）注册资金：人民币贰仟贰佰伍拾万元整（22 500 000元）。其中：**港城投资公司、海虹机械公司各占50%**。

（4）企业类型：有限责任公司（非小型微利企业）；增值税一般纳税人，统一社会信用代码（纳税人识别号）：91310040213456070M。

（5）经营范围及主要产品：机械产品生产与销售；AH-15型车床（简称A产品）、BH-16型车床（简称B产品）。

（6）开户银行及账号：中国工商银行浦江市支行（简称“工行浦支”），230045006。

（7）银行预留印鉴：包括公章、法定代表人名章、财务专用章、财务负责人名章。银行预留印鉴是开户银行对企业签发票据所盖印鉴进行比对的依据。

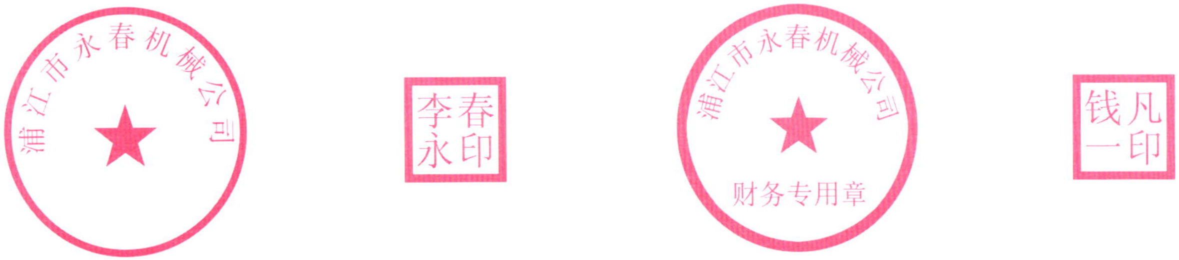

登记制度 多证合一 一照一码

认定标准 小微企业 认定标准

会计论道与素质教育

囚徒困境——会计职业的明天更美好

两个犯罪嫌疑人被警察拘捕了。警察分别告诉他们，他们有三种可能：第一，死不认罪，最后也确实找不到他们犯罪的证据，这样他们将被无罪释放；第二，主动认罪并检举揭发同伴，只判3年刑期；第三种可能就是自己死不认罪，但被同伙揭发并证明有罪，这样就会被判10年刑期。被分开关押、分别提审的罪犯会选择哪一条路呢？绝大多数会选第二条。这是社会学、心理学中一个著名的论例：囚徒困境。

新闻速递 零容忍全覆盖 严惩资本大鳄

教授寄语：党的二十大报告中提出：“在基本实现现代化的基础上，我们要继续奋斗，到本世纪中叶，把我国建设成为综合国力和国际影响力领先的社会主义现代化强国。”谁都不敢把自己的明天放在别人手中，做好4年的学业生涯规划，把握好自己的命运。同学们，撸起袖子加油干，一分耕耘一分收获，你们的明天将更加美好！

四、模拟实验企业会计核算制度

（一）会计核算形式及凭证账簿组织

（1）会计核算形式。模拟实验企业采用科目汇总表账务处理程序，每半个月编制一次科目汇总表并根据科目汇总表登记一次总账，明细账根据原始凭证和记账凭证逐笔登记。

（2）记账凭证种类。模拟实验企业使用复式记账凭证，分收款凭证、付款凭证和转账凭证三种类型。记账凭证按月、按类别连续编号。

（3）开设账簿及格式。模拟实验企业开设库存现金日记账、银行存款日记账、总账、明细账。总账和日记账均采用三栏式，明细账根据需要分别选用甲式、乙式和多栏式。

（二）存货核算制度与方法

（1）原材料、库存商品明细核算。❶原材料、库存商品明细核算采用账卡合一方式，即在仓库设置一套材料明细账和库存商品明细账；❷平时由仓库保管员根据“收料单”（简称“收”字）、“领料单”（简称“领”字）、产品入库单（简称“入”字）、产品出库单（简称“出”字）的仓库联登记收发数量；❸记账会计每月月末核对收发数量并进行计价。

（2）原材料、库存商品收发的计价。原材料、库存商品的收发均按实际成本计价。❶发出单价按月末一次加权平均法计算；❷月末一次加权平均单价尾差计入结存金额。

（3）“原材料”明细账的登记方法。❶“原材料”明细账的“收入”栏，平时根据“收料单”（仓库联）登记数量、单价和金额（本实验教材为节省篇幅只给出财务联，故财务联替代仓库联，一联两用）；❷“原材料”明细账的“发出”栏，平时根据“领料单”登记数量，并将“领料单”妥善保管；❸月末由材料会计根据各材料明细账月初结存数量和金额、本月收入数量和金额，按月末一次加权平均法计算发出材料的单价，该单价乘以本月领用数量的合计，得出并登记发出材料的金额；❹月末根据“领料单”分品种、用途或部门汇总其领用数量，再乘以加权平均单价，编制“发料凭证汇总表”。

（4）“库存商品”明细账的登记方法。❶“库存商品”明细账的“收入”栏，平时根据“产品入库单”（财务联替代仓库联）登记其收入数量，并将其妥善保管；❷月末根据“库存商品”明细账中结出的入库数量及“生产成本明细账”中的总成本和单位成本，编制“完工产品成本计算汇总表”（产品入库单作为该汇总表的附件）；❸根据该汇总表登记“生产成本”明细账月末的本月合计行、“收入”栏（或借方栏）的单价和金额；❹“库存商品”明细账的“发出”栏，平时根据“产品出库单”登记其发出数量；❺月末根据各库存商品明细账月初结存数量和金额、本月收入数量和金额，按“月末一次加权平均法”计算发出产品的单价，根据该单价及其乘以发出数量的合计，登记“库存商品”明细账的“发出”栏的单价和金额；❻根据“库存商品”明细账的“发出”栏，编制“主营业务成本计算表”。

（三）固定资产的核算

（1）固定资产的分类。固定资产分为“机器设备类”和“房屋建筑类”两大类，并按其设置二级明细账。

（2）固定资产折旧方法与折旧率。固定资产采用平均年限法分类计提折旧。其中，车间生产设备的月折旧率为0.8%，车间房屋的月折旧率为0.4%，管理用设备的月折旧率为0.6%，管理用房屋的月折旧率为0.2%。

（3）固定资产修理费用。按现行会计准则规定，固定资产的修理费用计入资产成本或管理费用。

（四）费用与成本

（1）职工福利费用。❶用于职工的各种福利支出，应先借记“应付职工薪酬——职工福利”账户，贷记“银行存款”等账户；然后，再根据受益对象和受益比例分配计入有关资产成本和期间费用，借记“生产成本”等成本费用类账户，贷记“应付职工薪酬——职工福利”账户。❷全年用于职工的各种福利费支出，超过全年工资总额14%的部分，应调增应纳税所得额，缴纳企业所得税。

（2）费用分类与成本计算方法。❶费用按照经济用途进行分类，其中：直接材料、直接人工和制造费用计入产品成本，其余计入期间费用；❷采用“品种法”（简单法）计算产品成本；❸月末在产品成本计算采用定额法，为简化核算，直接给出月末在产品成本；❹制造费用按生产工人工资比例进行分配。

（五）增值税、所得税及税费附加

（1）增值税。公司销售各种产品应缴纳增值税，增值税税率为13%，纳税期限为15天，次月10日以前缴清。

增值税税率变化及“营改增”历程

全面深化增值税改革

细说“六税两费”减征的政策规定

小微企业所得税优惠咋享受

（2）企业所得税。企业所得税税率为25%，“按年计算、按月据实预缴、年终汇算清缴”。

（3）城市维护建设税、教育费附加及地方教育附加。分别按照应纳增值税的7%、3%和2%计算并按月缴纳，次月10日以前缴清。

（六）损益类账户采用“账结法”

❶每月月末，先将损益类账户（除“所得税费用”）的本期发生额，反方向转入“本年利润”账户，计算本月利润总额；❷根据损益类账户的本期发生额及其累计发生额，填制“企业所得税按月（季）度预缴纳税申请表”，计算并结转所得税费用；❸将“所得税费用”账户借方发生额反方向转入“本年利润”账户，各月末“本年利润”账户的贷方期末余额，即为截至本月末实现的税后利润；❹年末将“本年利润”账户的期末余额转入“利润分配——未分配利润”账户。

（七）利润分配

（1）计提法定盈余公积。按照当期税后利润的10%计提法定盈余公积。

（2）向投资者分红。根据董事会决定的分配额和投资比例进行利润分配。

五、模拟实验企业会计核算岗位设置及其职责

（一）会计主管（兼审核与制单）的岗位职责

❶审核原始凭证并根据原始凭证编制记账凭证，同时在记账凭证的“制单”处签名或盖章；❷根据业务顺序将原始凭证按照裁剪线进行撕裁并粘贴在记账凭证的后面（注意粘贴时原始凭证应与记账凭证左对齐、上对齐）；❸当每半月的会计交易或事项填制完记账凭证后，应对本半月会计交易或事项所填制的记账凭证进行汇总并编制“科目汇总表”。

（二）记账会计（登记总账和部分明细账）的岗位职责

❶根据记账凭证登记有关明细账；❷根据原材料“领料单”登记“原材料明细账”的“发出”栏（数量）并结出“结存”栏（数量）；❸完成登账工作后，在记账凭证的“过账”或“√”栏内注明过账符号，并在记账凭证的“记账”处签名或盖章；❹根据“科目汇总表”登记总账，并在“总账”栏打勾。

（三）出纳（兼记部分明细账）的岗位职责

❶根据记账凭证（收款凭证、付款凭证）登记库存现金日记账和银行存款日记账；❷根据原始凭证中的“产品入库单”和“产品出库单”登记“库存商品明细账”的“收入”栏（数量）和“发出”栏（数量）并结出“结存”栏（数量）；❸完成登账工作后，在记账凭证的“过账”或“√”栏内注明过账符号，并在记账凭证的“出纳”处签名或盖章。需要特别注意的是：出纳人员不得兼任稽核、会计档案保管和收入、支出、费用、债权债务账目的登记工作。

六、教学方案与课时安排建议

（1）作为一门独立的实践性课程，进行集中实训。建议：❶安排在“基础会计学”课程理论教学完成后当学期的1~2周内完成；❷安排在基础会计学课程理论教学完成后下一学期的1~2周内完成。

（2）作为“基础会计学”课程的组成部分，分散在课内完成。❶如果“基础会计学”课程安排64学时（每周4学时），建议40学时完成理论教学，24学时完成实训教学（建议4学时连续进行）；❷如果“基础会计学”课程安排96学时（每周6学时），建议60学时完成理论教学，36学

时完成实训教学（建议6学时连续进行）。

七、基础会计学综合模拟实验要求与考评

（一）实训要求

（1）掌握国家有关财经法律法规和企业会计制度，掌握各项费用的开支范围、标准及规定，加强学生政策法制观念。

（2）运用规范仿真的原始凭证、真实的记账凭证、会计账簿和会计报表，严格按照现行企业会计准则的要求进行操作。

（3）实训过程中遇到课堂理论教学中没有学到的新知识，要引导学生自己查阅资料，培养独立分析问题和解决问题的能力。

（4）实训结束后，将原始凭证、记账凭证、会计账簿、会计报表进行装订，作为考核的依据。

（5）实训结束后，每一名学生提交一份实训报告，主要包括以下几个方面：❶实训内容；❷实训过程；❸实训结果；❹实训中存在的问题及其解决的方法；❺实训体会及合理化建议。

（二）实训考评

实训考评包括实训过程和实训结果考评，分别占总成绩的40%与60%。实训过程考评以实训小组的考评为主，实训结果考评以学生提交的实训成果为依据，其评分标准分别为：❶原始凭证的填制和审核占20%；❷记账凭证的填制与审核占40%；❸账簿登记和会计报表编制占20%；❹会计档案装订占10%；❺实训报告撰写占10%。

会计论道与素质教育

砌墙工人的命运——要有做财务总监（CFO）的抱负

三个工人在砌一堵墙。有人过来问："你们在干什么?"第一个人没好气地说："没看见吗？砌墙。"第二个人抬头笑了笑，说："我们在盖一幢高楼。"第三个人边干边哼着歌曲，他的笑容很灿烂："我们正在建设一个新城市。"10年后，第一个人在另一个工地上砌墙；第二个人坐在办公室中画图纸，他成了工程师；第三个人呢，是前两个人的老板。

资料来源　张健鹏，胡足青．心有灵犀（小中见大智慧文丛）[M]．北京：当代世界出版社，2005.

新闻速递

东芝公司亏损造假
昔日500强跌落神坛

会计记账小写金额
书写规范

教授寄语：党的二十大报告中提出："青年强，则国家强。当代中国青年生逢其时，施展才干的舞台无比广阔，实现梦想的前景无比光明。"性格决定命运，态度决定高度。你手头的小工作其实正是大事业的开始，能否意识到这一点意味着你能否做成一项大事业。人们常说："不想做将军的士兵不是好士兵。"那么，我说："不想做财务总监（CFO）的财会专业的学生，也同样如此。"

第二章　初始建账及会计档案的整理与保管

一、基础会计学综合模拟实验初始建账方法

（一）库存现金日记账、银行存款日记账的建账方法

1.预备账页并装订成册

库存现金日记账、银行存款日记账采用订本式账簿。❶将本书附录给出的库存现金日记账、银行存款日记账空白账页及日记账封面和封底（牛皮纸）沿书脊左侧（上）的撕裁线裁剪；❷将日记账封面和封底加具到日记账账页的前后并用订书机将其订牢；❸按照要求填写封皮并加盖公章。

2.登记期初余额

❶根据表2-1所给的期初余额，登记“库存现金日记账”和“银行存款日记账”的期初余额。❷为了便于学生了解日记账的账页结转方法的“转下页”与“承前页”，以及月末结账方法的“月结”（或“本月合计”）与画结账标志线（单红线），本教材以“承前页”的方式给出了11月份的“月结”发生额及期末余额，并画出了月结结账标志线；❸11月月末余额，即12月月初的余额，所以，不再需要登记期初余额。

（二）明细分类账的建账方法

1.预备账页并装订成册

明细分类账采用活页式账簿。❶将本书附录给出的明细账空白账页及明细账封面和封底（牛皮纸）沿书脊左侧（上）的撕裁线裁剪；❷将明细账封面和封底加具到明细账账页的前后并用账绳穿孔装订并打结；❸按照要求填写封皮并加盖公章；❹填写“账簿启用表”。

2.登记资产类、负债类、所有者权益类、成本类账户明细账的期初余额

❶根据表2-1所给的期初余额，登记各资产类、负债类、所有者权益类账户（以下简称“实账户”）明细账的12月月初余额。❷结算类账户明细账因为只求余额不求发生额，所以，这类账户要逐笔结出余额（至少每日应结出余额），但不需要“转下页”，只需要将上页最后一笔业务的余额在下页以“承前页”的方式登记即可。本教材给出了“应收票据”明细账的登记范例，包括“承前页”、“月结”和“结转下年”以及画结账与封账标志线（红单线、红双线），其余的结算类账户明细账只需登记期初余额即可。❸“实账户”中除结算类账户以外的账户，要结出本月发生额及月末余额，所以，“承前页”与“转下页”是指本月的累计发生额。❹本教材给出了“固定资产”明细账的登记范例。

3.登记损益类账户明细账的本年累计金额

❶“账结法”下各损益类账户明细账本无期初余额，但是企业在编制利润表及所得税预缴时，必须利用本年损益类账户的累计发生额；❷本教材以“承前页”与“转下页”的方式给出了全部损益类账户的11月结账后的“本年累计”金额；❸损益类账户明细账不需要再单独结计一次本月发生额，每月末用“红字”结转收入（费用）至“本年利润”账户的金额，即为损益类账户的贷方（借方）发生额合计；❹11月份的“本年累计”金额加上12月份的发生额，就可求得各损益类账户的全年累计发生额；❺本教材给出了“税金及附加”明细账的登记范例，包括“承前页”和“本年累计”以及画结账与封账标志线（红单线、红双线）。

（三）总分类账的建账方法

1.预备账页并装订成册

总分类账采用订本式账簿。❶将本书附录给出的总账空白账页及总账封面和封底（牛皮纸）沿书脊左侧（上）的撕裁线裁剪；❷将总账封面和封底加具到总账账页的前后并用订书机将其订牢；❸按照要求填写封皮并加盖公章；❹填写“账簿启用表”。

2.建立账户并登记期初余额

❶根据表 2-1 所给的期初余额，按照总账的目录顺序依次建立账户并登记各有关总账的期初余额；❷总账需要结计本月发生额及余额；❸本教材给出了“库存现金”总账的登记范例，包括“承前页”和“月结”以及画结账与封账标志线（红单线、红双线）。

3.科目索引

为便于查找并快速翻账，应粘贴账户索引纸（俗称“口取纸”），但口取纸并非必需；❶口取纸通常分为红、蓝两种颜色，一般来讲用红色表示总账账户，蓝色表示明细账账户，或者相反；❷粘贴口取纸应从上到下，使其形成规则的锯齿形为最佳。

二、基础会计学综合模拟实验初始建账资料

浦江市永春机械公司2×23年12月的总账、明细账的月初余额、在产品成本定额及所需账簿（页）格式，见表2-1至2-5。

表 2-1

浦江市永春机械公司总账及明细账12月月初余额表

序号	总账科目	明细科目	借方金额	贷方金额	账页格式	序号	总账科目	明细科目	借方金额	贷方金额	账页格式
1	库存现金		2 000		三栏式			鲍巩英	7 000		甲式账
2	银行存款		4 833 350		三栏式	7	坏账准备			19 348	三栏式
3	应收票据		1 320 000		三栏式			应收账款		19 348	甲式账
		明远机械公司	1 320 000		甲式账	8	在途物资		44 000		三栏式
4	应收账款		1 431 250		三栏式			望海机械公司	44 000		三栏式
		锦华机械公司	1 300 000		甲式账	9	原材料		404 500		三栏式
		宏图机械公司	124 250		甲式账			详见表 2-2	404 500		乙式账
		美隆锅炉公司	7 000		甲式账	10	库存商品		720 750		三栏式
5	预付账款		445 000		甲式账			详见表 2-3	720 750		乙式账
		远程机械公司	450 000		三栏式	11	固定资产		24 500 000		三栏式
		希望机械公司		5 000	甲式账			机器设备类	13 500 000		甲式账
6	其他应收款		7 000		三栏式			房屋建筑类	11 000 000		甲式账

续表

序号	总账科目	明细科目	借方金额	贷方金额	账页格式	序号	总账科目	明细科目	借方金额	贷方金额	账页格式
12	累计折旧	可不设明细账		**2 950 852**	三栏式			教育费附加		6 000	甲式账
13	在建工程		**150 000**		三栏式			地方教育附加		4 000	甲式账
		配电室工程	100 000		甲式账			应交所得税		200 000	甲式账
		电解炉工程	50 000		甲式账	22	应付利息			**15 600**	三栏式
14	无形资产		**450 000**		三栏式			工行光支		15 600	甲式账
		专利技术	450 000		甲式账	23	应付股利				三栏式
15	累计摊销	可不设明细账		**180 000**	三栏式			港城投资公司			甲式账
16	短期借款			**1 750 000**	三栏式			海虹机械公司			甲式账
		工行浦支		1 750 000	甲式账	24	实收资本			**22 500 000**	三栏式
17	应付票据			**320 000**	三栏式			港城投资公司		11 250 000	甲式账
		秋林机械公司		320 000	甲式账			海虹机械公司		11 250 000	甲式账
18	应付账款			**95 000**	三栏式	25	资本公积			**255 000**	三栏式
		鸿运机械公司		85 000	甲式账			资本溢价		255 000	甲式账
		清流机械公司		2 100	甲式账	26	盈余公积			**998 000**	三栏式
		华远钢铁公司		7 900	甲式账			法定盈余公积		998 000	甲式账
19	预收账款			**715 000**	三栏式	27	利润分配			**295 000**	三栏式
		通宝机械公司		750 000	甲式账			计提法定盈余公积			甲式账
		新强机械公司	35 000		甲式账			应付利润			甲式账
20	应付职工薪酬			**498 000**	三栏式			未分配利润		295 000	甲式账
		工资		498 000	甲式账	28	本年利润			**3 450 000**	三栏式
		职工福利			甲式账			本年利润		3 450 000	甲式账
21	应交税费			**357 900**	三栏式	29	生产成本		**91 850**		三栏式
		应交增值税			甲式账			详见表 2-4	91 850		多栏式账
		未交增值税		133 900	甲式账						
		应交城建税		14 000	甲式账			合计	**34 399 700**	**34 399 700**	

表 2-2　　原材料明细账资料　　金额单位：元

账户名称	计量单位	数　量	单　价	金　额	账页格式
甲材料	千克	1 500	91.67	137 500	乙式账
乙材料	千克	2 000	69.50	139 000	乙式账
丙材料	千克	1 500	85.33	128 000	乙式账
合计				404 500	乙式账

表 2-3　　库存商品明细账资料　　金额单位：元

账户名称	计量单位	数　量	单　价	金　额	账页格式
A 产品	台	200	2 760.00	552 000	乙式账
B 产品	台	100	1 687.50	168 750	乙式账
合　计				720 750	

表 2-4　　生产成本明细账月初余额资料表　　金额单位：元

成本计算对象	数　量（台）	成本项目			
		直接材料	直接人工	制造费用	合　计
A 产品	35	42 000	10 500	8 750	61 250
B 产品	34	17 000	8 500	5 100	30 600
					91 850

表 2-5　　在产品成本定额资料表　　金额单位：元

成本计算对象	计量单位	成本项目成本定额			
		直接材料	直接人工	制造费用	合　计
A 产品	台	1 200	300	250	1 750
B 产品	台	500	250	150	900

会计论道与素质教育

天堂和地狱——会计工作强调分工协作

有人和上帝谈论天堂和地狱的问题。上帝对这个人说：“来吧，我让你看看什么是地狱。”他们走进一个房间，屋里有一群人围着一大锅肉汤。每个人看起来都营养不良、绝望又饥饿。他们每个人都有一只可以够到锅子的汤匙，但汤匙的柄比他们的手臂要长，自己没法把汤送进嘴里。他们看上去是那样悲苦。“来吧，我再让你看看什么是天堂。”上帝把这个人领入另一房间。这里的一切与上一个房间没什么不同。一锅汤、一群人、一样的长柄汤匙，但大家都在快乐地歌唱。“我不懂，”这个人说，“为什么一样的待遇与条件，而他们快乐，另一个房间里的人们却很悲惨？”上帝微笑着说：“很简单，在这儿他们会喂别人。”

资料来源　张健鹏，胡足青．天堂地狱（小中见大智慧文丛）[M]．北京：当代世界出版社，2005.

新闻速递

内部控制缺失

会计蚂蚁搬家挪走公款600万元

教授寄语：党的二十大报告中提出：“构建人类命运共同体是世界各国人民前途所在。万物并育而不相害，道并行而不相悖。只有各国行天下之大道，和睦相处、合作共赢，繁荣才能持久，安全才有保障。”助人就是助己，生存就是共存。社会分工越细，每个人对他人的依存度就越高，不会与别人合作，就相当于把自己送入地狱。

三、会计凭证的装订方法

（一）整理凭证并加具封面、封底和包角

1. 整理记账凭证，后附原始凭证，且左对齐、上对齐进行粘贴

将记账凭证整理，分成三部分（本）：❶第四章（业务1—业务26）所编制的记账凭证；❷第四章（业务27—业务52）所编制的记账凭证；❸第五章（业务53—业务67）所编制的记账凭证。

2. 凭证排列顺序

对以上三本记账凭证中的每一本：❶按照收、付、转的顺序整理；❷对收、付、转记账凭证再按照编号顺序整理；❸在每一本记账凭证的最前面粘贴根据该本记账凭证所编制的科目汇总表。

3. 加具封面和封底

对以上整理好的每本记账凭证：❶将本书附录所给出的3张记账凭证封皮，沿裁剪线裁成封面和封底；❷将记账凭证封面和封底分别加具到整理好的3本记账凭证的前后；❸将本书附录所给出的记账凭证包角，沿虚线（打孔线）裁成4个十字包角，分别加具到封面的左上角（字朝下）；❹再次整理凭证并以左上角对齐，用铁夹将其紧紧夹住。

（二）手工穿线装订方法

1. 打眼

在十字包角上以对角线的两点（对准记账凭证包角的“●”位置），用装订机从外到里均匀地打两个眼，注意不能太靠外以免装订不牢，也不能太靠里以免不便于翻阅查证。

2. 穿线

第一步，将一根长约60cm的装订线分1/4和3/4折叠；第二步，从里面的那个眼，将带钩锥子从正面穿出，从背面钩住装订线的折叠处并将其拉出（不要拉透，留出一个活扣），然后压住装订线的短线头，将装订线的长线头翻过来从活扣中穿出并拉紧；第三步，再次从里面的那个眼，将带钩锥子从正面穿出，从背面钩住装订线的长线头（折叠并留出穿线余地），然后将其拉出（拉透不留活扣）并拉紧，这样形成第一个十字角；第四步，从外面的那个眼，将带钩锥子从背面穿出，从正面钩住装订线的长线头（折叠并留出穿线余地），然后将其拉出（不要拉透，留出一个活扣），将装订线的长线头翻过来从活扣中穿出并拉紧；第五步，再次从外面的那个眼，从背面将带钩锥子穿出，从正面钩住装订线的长线头，然后将其拉出（拉透不留活扣）并拉紧，这样形成第二个十字角。

3. 打结

在凭证的背面，将装订线的两端系上拉紧并打死结，然后用剪刀剪掉多余的线头。

手工穿线装订方法演示视频，请扫右边的二维码。

手工穿线装订方法演示视频

热熔一体机凭证装订法

（三）铆管装订机装订方法

铆管装订机是财务办公室常用的一款文件装订机，其架构如图2-1所示。

使用铆管装订机进行凭证装订的操作说明如下：

❶插上电源、打开开关：插上电源，按下开关，电源指示灯亮（红灯），机器处于预热状态。大约 4 分钟后，红灯灭后，绿灯亮起，机器开始热铆，预热时不影响机器的打孔。❷插入铆管：将接管盒盖打开，铆管插入机身后侧的小圆孔内。❸打孔：将文件装置在台面板上，放在所需装订的位置（对准记账凭证包角的“⊕”位置），压右边手柄进行打孔。❹铆管入孔：打孔时，机器会根据打孔材料的厚度自动切出相应长度的铆管段，将其插入刚打的装订孔中。❺插入定芯轴：将文件移至机器左侧的热熔器下，并将定芯轴插入铆管中。❻热铆：压左边手柄，停留片刻。❼装订完成：拔出定芯轴，取出文件，装订完成。❽倒纸屑：取下接纸盒，将纸屑倒掉后装入。

铆管装订机装订步骤示意图如图 2-2 所示。

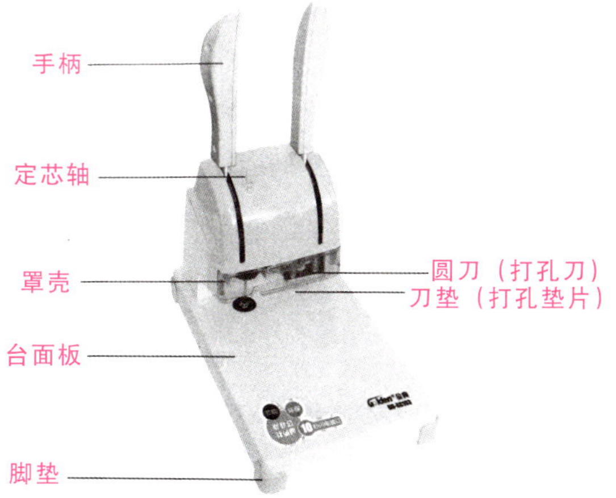

图 2-1　铆管装订机架构图

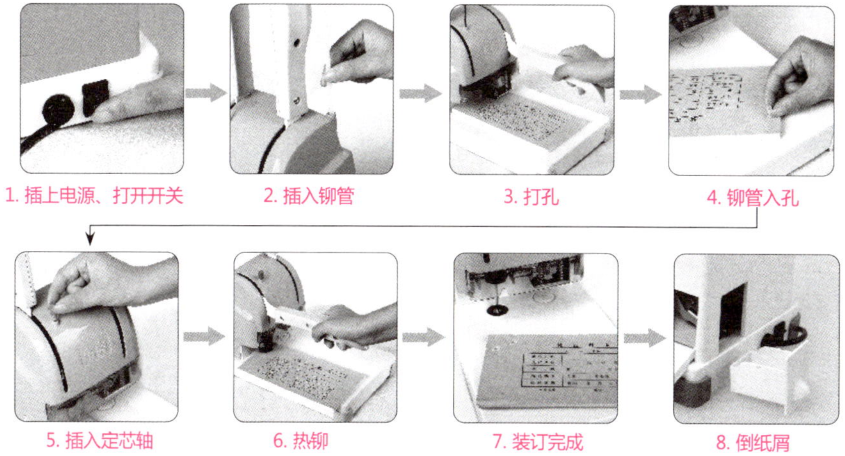

图 2-2　铆管装订机装订步骤

（四）封角并盖章

1. 封角

沿着十字包角的斜线折叠、翻转，露出包角正面，将十字包角的两头，抹上胶水，然后再将包角向下、向右折叠到背面并粘牢，要求包角能将装订线的线头全部覆盖上。

2. 填写凭证脊背

在十字包角翻转、折叠、粘贴形成的凭证脊背上，填写日期、凭证起止号数、凭证册序和凭证册数。

3. 填写封面

在凭证封面上填写起止日期、账册编号（第几册、共几册）、凭证种类、起止号数、凭证及附件张数、会计档案卷宗号及保管年限等。

4. 盖章归档

装订人员在装订线封签处签名或盖章，然后归档并存入会计档案室。

四、基础会计学综合模拟实验实操用凭证、账页、报表、封皮及相关物品

基础会计学综合模拟实验实操所需要的以下资料在本教材的附录或相关章节中已给出：❶空白记账凭证；❷空白科目汇总表；❸空白库存现金日记账；❹空白银行存款日记账；❺空白总分类账；❻空白明细分类账；❼封皮（记账凭证、账簿、报表封面和封底，记账凭证装订包角）；❽空白会计报表；❾空白总分类账户发生额及余额试算平衡表。基础会计学综合模拟实验实操除本教材的附录或相关章节中已给出的实操用材料以外，还需要准备的物品参见表2-6。

表2-6 基础会计学综合模拟实验所需相关物品一览表

序号	物品名称	规格型号	计量单位	数量	备注	序号	物品名称	规格型号	计量单位	数量	备注
1	资料盒	320mm×235mm×45mm	盒	1盒/（人、组）	一次性消耗	10	铅笔		支	1支/（人、组）	一次性消耗
2	直尺	300mm	把	1把/（人、组）	一次性消耗	11	小剪刀		把	1把/（人、组）	一次性消耗
3	回形针	小盒	盒	1盒/（人、组）	一次性消耗	12	订书针	普通	盒	1盒/班	一次性消耗
4	索引标签（口取纸）	蓝色，10张/小包	张	3张/（人、组）	一次性消耗	13	订书机		个	5个/班	实训室配备周转用
		红色，10张/小包	张	3张/（人、组）	一次性消耗	14	倒钩铁锥		把	1把/（人、组）	实训室配备周转用
5	胶水（棒）	小瓶	瓶	1瓶/（人、组）	一次性消耗	15	凭证打眼机		台	4台/班	实训室配备周转用
6	装订线		卷	2卷/班	一次性消耗	16	铆管装订机		台	4台/班	实训室配备周转用
7	账绳（带）		根	1根/（人、组）	一次性消耗	17	塑料铆管		根	10根/班	实训室配备消耗用
8	橡皮		块	1块/（人、组）	一次性消耗	18	财务专用章	直径40mm	个	10个/班	实训室配备周转用
9	财会专用笔	红色（0.35mm）	支	1支/（人、组）	一次性消耗	19	承前页章		个	1个/（人、组）	实训室配备周转用
		黑色（0.35mm）	支	1支/（人、组）	一次性消耗	20	转次页章		个	1个/（人、组）	实训室配备周转用
		黑色笔芯（0.35mm）	支	1支/（人、组）	一次性消耗	21	月结章		个	1个/（人、组）	实训室配备周转用

特别说明：本模拟实验操作实际需要：❶收款凭证7张，本教材提供10张；❷付款凭证26张，本教材提供32张；❸转账凭证34张，本教材提供48张；❹科目汇总表3张，本教材提供4张；❺明细账账页富余6页；❻总账账页富余3页。注意节约使用。

第三章　会计交易或事项及类型对应原始凭证的文字表述

业务1：**商业汇票结算方式采购材料**。1日，收到并验收入库11月28日从秋林机械公司购入的乙材料，收到有关单证，经审核无误后，签发付款期限为4个月的商业承兑汇票支付货款及运费。

业务2：**钱货两清结算方式采购原材料**。1日，收到并验收入库11月28日从金通机械公司购入的甲、乙两种材料，收到有关单证，经审核无误后同意付款。

业务3：**发出材料，计价采用月末一次加权平均法并于月末汇总登记**。1日，各车间和部门填制标明用途的“领料单”领用材料。

业务4：**同城钱货两清销售产品**。1日，向本市联华机械公司销售A产品和B产品，货已发出，货款收到。

业务5：**销售服务——现代服务——文化创意服务——广告服务“营改增”**。3日，通过企业网银支付浦江市阳明广告公司广告费。

业务6：**销售服务——生活服务——教育医疗服务——医疗服务“营改增”**。3日，通过银行支付职工体检费，收到对方开具的电子发票（普通发票），经审核无误同意付款并通过企业网银支付；同时，分配计入有关资产成本和期间费用。

业务7：**在途材料验收入库**。3日，验收入库上月从望海机械公司购进并已付款的丙材料。

业务8：**发放上月工资——由银行代发**。5日，根据上月“应付工资费用分配汇总表”发放上月职工工资，通过网银由银行代发，转入职工个人工资账户。

业务9：**产成品入库**。5日，生产车间入库完工产品。

业务10：**公益救济性捐赠**。5日，开具转账支票向浦江市红十字会捐款。

业务11：**赊购原材料——应付账款**。5日，从鸿运机械公司购入丙材料，材料已验收入库，承诺下月支付货款。

业务12：**购进不需要安装及需要安装的机器设备**。5日，收到12月4日从广州市重型机械公司购入的下列设备：❶不需要安装的HT98型机床4台，直接交付车间使用，并形成固定资产；❷需要安装的BN69型电解炉2套，直接交付工程安装，计入在建工程。

业务13：**商业承兑汇票结算方式销售**。7日，向明远机械公司销售商品，货已发出，收到对方签发的商业承兑汇票。

业务14：**有关税费的实际缴纳**。9日，据实预缴上月应纳所得税；缴纳上月未交增值税及应交城建税、教育费附加和地方教育附加。

业务15：**偿付到期商业承兑汇票款**。9日，收款单位秋林机械公司托收到期商业承兑汇票款，经审核无误，同意并已通过银行付讫。

业务16：**确认坏账损失**。9日，经确认，应收美隆锅炉公司的货款无法收回，报经批准确认为坏账损失。

业务17：**固定资产修理——费用化支出——记入“管理费用”账户**。11日，与浦江市方正建筑公司结算厂部办公大楼修缮款项，通过企业网银支付。

业务18：**报销差旅费——实际金额小于原预借金额**。11日，报销差旅费并交回余款现金，结清原借款。提示：实报金额减去应抵扣的进项税额，记入“管理费用”账户。税制改革——增值税扩大抵扣范围：自2019年4月1日起，纳税人购进国内旅客运输服务，其进项税额允许从销项税额中抵扣。纳税人未取得增值税专用发票的，暂按照以下规定确定进项税额：❶取得增值税电子普通发票的，为发票上注明的税额；❷取得注明旅客身份信息的航空运输电子客票行程单的，为按照下列公式计算的进项税额：航空旅客运输进项税额=（票价＋燃油附加费）÷（1+9%）×9%；❸取得注明旅客身份信息的铁路车票的，为按照下列公式计算的进项税额：铁路旅客运输进项税额=票面金额÷（1+9%）×9%；❹取得注明旅客身份信息的公路、水路等其他客票的，按照下列公式计算进项税额：公路、水路等其他旅客运输进项税额=票面金额÷（1+3%）×3%。

扩大增值税抵扣范围

购进国内旅客运输服务进项税额抵扣

业务19：**通过银行收回应收账款。**13日，收到锦华机械公司前欠的货款。

业务20：**发出材料，计价采用月末一次加权平均法并于月末汇总登记。**13日，各车间和部门填制标明用途的“领料单”领用材料。

业务21：**提现备用。**13日，开出现金支票，从银行提取现金6 000元。

业务22：**收到托收的到期商业承兑汇票款。**13日，银行转来“托收凭证（收账通知）”，为明远机械公司偿付到期商业承兑汇票款。

业务23：**报销购买办公用品款，各车间、部门直接领用。**13日，办公室报销各车间、部门直接领用的办公用品，经审核无误，以现金付讫。

业务24：**遵守现金结算纪律，将超过银行核定的库存现金限额的部分送存银行。**13日，将当日超过库存现金定额2 000元的部分送存银行。

业务25：**无法支付的应付账款，不再满足负债确认的条件。**15日，经确认唐山华远钢铁公司已于1年前破产清算完毕，将应付货款确认为营业外收入。

业务26：**发出材料，计价采用月末一次加权平均法并于月末汇总登记。**15日，生产车间填制标明用途的“领料单”领用材料。

特别提示：编制完第26笔业务的记账凭证后，应编制第一张“科目汇总表”（上半月第1—26笔业务）。

业务27：**缴纳增值税。**17日，通过中国工商银行电子缴税付款平台缴纳本月1—15日应交增值税。

业务28：**销售服务——建筑服务——安装服务“营改增”及工程完工达到预定可使用状态——形成固定资产。**17日，电解炉工程完工，与本市晋源安装公司结算工程款项，通过企业网银支付；同时，结转完工工程成本。

业务29：**赊购材料——应付账款。**17日，从本市清流机械公司购入丙材料，材料已验收入库，经协商货款于下月支付。

业务30：**产成品入库。**17日，生产车间入库完工产品。

业务31：**赊销——应收账款。**19日，采用赊销方式向宏图机械公司销售商品，货已发出并由对方自提，对方承诺下月支付货款。

业务32：**商业承兑汇票方式购进原材料——应付票据。**19日，向秋林机械公司购进乙材料，材料已验收入库，经审核无误，签发并承兑商业承兑汇票。

业务33：**商业承兑汇票方式销售——应收票据。**19日，采用商业承兑汇票结算方式向明远机械公司销售商品，货已发出，收到对方签发并承兑的商业承兑汇票。

业务34：**冲销预付账款结算方式购进，预付金额与实际结算金额的差额保留在“预付账款”账户。**19日，采用冲销预付账款方式向远程机械公司购进甲材料，材料已验收入库，货款冲销前已预付的货款，预付货款不足的部分留待下次结算。

业务35：**通过银行偿还前欠货款。**19日，通过企业网银偿还前欠本市鸿运机械公司的货款。

业务36：**银行结算第四季度短期借款利息费用。**21日，收到中国工商银行计收借款利息单（付款通知），支付本季度（9月21日至12月20

日）的短期贷款利息。

业务37：**银行结算第四季度活期存款利息收入**。21日，收到中国工商银行计付存款利息单（收账通知），收到本季度（9月21日至12月20日）的活期存款利息收入。

业务38：**赊销——应收账款**。23日，采用赊销方式向锦华机械公司销售商品，合同规定货物由对方自提，货物已发出，对方承诺下月23日付款。

业务39：**提现备用**。23日，开出现金支票，从银行提取现金。

业务40：**鲍巩英出差借现金**。23日，职工鲍巩英填制“借款单”出差借款，经审核同意以现金付讫。

业务41：**发出材料，计价采用月末一次加权平均法并于月末汇总登记**。23日，生产车间填制标明用途的“领料单”领用材料。

业务42：**收到托收的到期商业承兑汇票款**。23日，银行转来“托收凭证（收账通知）”，为明远机械公司偿付到期商业承兑汇票款。

业务43：**购货方预付货款**。25日，收到开户银行转来的业务回单（收款），系新强机械公司预付购货款。

业务44：**支付由销货方负担的产品销售运费**。25日，通过银行支付产品销售运费，收到浦江市顺风物流公司开具的电子发票（增值税专用发票），经审核无误同意付款，通过企业网银支付。

业务45：**产成品入库**。25日，生产车间入库完工产品。填制“产品入库单”，注明实收A产品100台、B产品100台。

业务46：**购进原材料，发票账单已到，经审核无误同意付款，材料在途**。27日，向望海机械公司购进甲材料的发票账单已到，经审核无误同意付款，但材料尚未到达。

业务47：**购买印花税票**。27日，报销购买印花税票款，以库存现金付讫。提示：借记“税金及附加”账户，贷记“库存现金”账户。

业务48：**冲销预收账款方式销售**。29日，采用冲销预收账款结算方式向通宝机械公司销售商品，货物由对方自提，全部款项冲销预收账款，余款下次销售时结算。

业务49：**支付并分配水费**。31日，与浦江市供水公司结算本月水费并按照受益对象和比例进行分配。

业务50：**支付并分配电费**。31日，与浦江市供电公司结算本月电费并按照受益对象和比例进行分配。

业务51：**偿还短期借款**。31日，偿还到期银行短期借款。

业务52：**预付购货款**。31日，按照合同规定预付希望机械公司货款，经审核同意付款，填制“电汇凭证”，同时，银行扣除汇兑手续费。

特别提示：账务处理到第52笔业务为止，应编制第二张“科目汇总表”（下半月第27—52笔业务）。

业务53：**采用月末一次加权平均法，进行材料费用的归集与分配**。月末，按照月末一次加权平均法计算本月发出原材料的加权平均单价，然后汇总“领料单”编制“发料凭证汇总表”，进行材料费用的归集与分配。

业务54：**工资费用的分配与结转**。月末，根据考勤记录（略），分车间、部门和用途，编制“应付工资费用分配汇总表”，分配并结转工资费用。

业务55：**计提并结转折旧费用**。月末，根据月初固定资产原值和确定的月折旧率，计算并编制“固定资产折旧计算汇总表”，计提并结转固定资产折旧费用。

业务56：**归集、分配并结转制造费用**。月末，根据“制造费用明细账”所归集的费用总额（借方发生额），按照成本计算对象（各产品）生产工人工资的比例，计算并编制“制造费用分配表”，进行制造费用的分配与结转。

业务57：**计算并结转完工产品成本。**月末，根据“生产成本明细账”所记录的生产费用（月初在产品成本、本月发生的生产费用），以及采用“定额成本法”计算的月末在产品定额成本（成本定额×月末在产品数量），结合“产品入库单”提供的完工数量，分成本项目填制“产品成本计算单”（分产品）并计算完工产品成本，然后根据产品成本计算单编制“完工产品成本汇总表”，计算并结转完工产品成本。

业务58：**采用月末一次加权平均法，计算并结转已销产品成本。**月末，根据“库存商品明细账”的期初结存（数量、金额）和本期收入（数量、金额），计算本月已销产品的加权平均单位成本，结合“产品出库单”提供的数量，编制“主营业务成本计算表”并结转已销产品成本。

业务59：**计算并结转应交增值税、转出未交增值税。**月末，根据“应交税费——应交增值税明细账”的有关专栏，计算并填制“应纳增值税及转出未交增值税计算表”，结转转出未交增值税。

业务60：**计算并结转应交城建税、教育费附加和地方教育附加。**月末，根据本月应纳增值税税额（本实训未涉及消费税业务），按照法定税费率计算本月应纳城建税、教育费附加和地方教育附加，编制“税金及附加计算表”，结转税金及附加。

业务61：**计提并结转本月短期借款利息。**月末，根据“短期借款”所属明细账的期初余额、期末余额和规定的借款利率，计算并填制本月“短期借款利息计提表”，计算并结转本月短期借款利息费用。

业务62：**计提并结转无形资产摊销。**月末，根据“无形资产”账户及其所属明细账户记录的原值，按照规定的摊销年限，计算并编制“无形资产摊销计提表”，结转无形资产摊销。提示：与固定资产计提折旧相反，本月增加的无形资产要计提摊销额，本月减少的无形资产不计提摊销额。

业务63：**年末计提坏账准备，确认信用减值损失。**年末根据“应收账款”账户所属明细账借方余额与“预收账款”账户所属明细账借方余额之和，乘以确定的坏账准备计提比例，计算年末“坏账准备”账户应有的贷方余额，减去（或加上）年末计提坏账准备前“坏账准备——应收账款”账户的贷方（借方）余额，确认本年末应计提或应冲销的坏账准备，编制“坏账准备计提表”，确认信用减值损失。

业务64：**“账结法”下结转损益类账户余额至“本年利润”账户。**月末，根据本月各收入类账户的贷方发生额和费用类账户的借方发生额，填制“本月损益类账户发生额汇总表”，结转损益类账户发生额至“本年利润”账户。

业务65：**按月据实预缴企业所得税的申报及所得税费用的计算。**❶根据本年度各损益类账户所属明细账结账后的“本年累计”金额，编制“损益类账户全年累计发生额汇总表”（业务65-2-1）。❷根据“损益类账户全年累计发生额汇总表”，结合有关明细账，按照所得税申报表填制要求，填列该公司12月份简易的“企业所得税按月（季）度预缴纳税申报表（A类）”（业务65-2-2），计算并结转本年度应补缴的企业所得税；同时结转所得税费用至“本年利润”账户。企业所得税据实预缴与年终汇算清缴方法：❶按照企业所得税法的规定，企业所得税采取“按年计算、分期（按月或按季）据实（会计利润额）预缴、年终汇算清缴”。❷企业所得税年终汇算清缴，一般是在下年度的3—4月份进行（5月31日前），将在后续教材《会计综合模拟实验》中进行阐述。

业务66：**利润分配。**年末，按照《中华人民共和国公司法》的规定和董事会的决定进行利润分配，包括提取法定盈余公积和向投资者分配利润。公司的利润分配方案一般是在下年度的3—4月份确定，为使本教材的内容更加丰富，提前确定或公告公司利润分配方案。

业务67：**计算并结转未分配利润。**年末，结转净利润和已分配利润，计算并结转未分配利润。

特别提示：账务处理到第67笔业务为止，应编制第三张“科目汇总表”（第53—67笔业务）。

业务68：**结账与编制总分类账户发生额及余额试算平衡表。**账务处理要求与提示：❶对所有总账和明细账进行本期发生额和期末余额计算的“结账”（先用铅笔进行草结），然后，按照平行登记的要求进行总账和明细账核对。❷根据所有总账的记录编制“总分类账户发生额及余额试算平衡表”。❸在试算平衡的基础上，对所有的总分类账户进行月度结账和年度结账并划线封账。

业务69：**编制“资产负债表”**。31日，根据“总分类账户发生额及余额试算平衡表”（业务68）的“期末余额”栏的数字，结合有关明细账的期末余额，采用“直接填列法”和“分析填列法”填列资产负债表“期末余额”栏。

企业所得税优惠政策解读

业务70：**编制利润表**。31日，❶根据“总分类账户发生额及余额试算平衡表”（业务68）中的“本月发生额”栏金额，参考有关损益类明细账本期发生额（12月份“月结”行），按照利润表填报的有关要求，填报利润表“本期金额”栏各项目金额。❷根据各损益类账户12月份的“本年累计”行各栏金额，填列利润表“本期累计金额”栏各项目金额。❸会计实务中，利润表“本期累计金额”栏各项目金额，是根据利润表“本期金额”栏各项目金额，分别加上利润表上期“本年累计金额”栏各项目金额进行填列。

会计论道与素质教育

君子报仇——另一种进取途径

有一个人很不满意自己在贸易公司的工作，他忿忿地对朋友说：“我的老板一点儿也不把我放在眼里，改天我要对他拍桌子，然后辞职不干。”“你对于那家贸易公司完全弄清楚了吗？对于他们做国际贸易的窍门完全搞通了吗?”他的朋友反问。“没有!”“君子报仇三年不晚，我建议你好好地把他们的一切贸易技巧、商业文书和公司组织完全搞通，甚至连怎么修理打印机的小故障都学会，然后辞职不干。”他的朋友建议，“你用他们的公司，做免费学习的地方，什么东西都通了之后，再一走了之，不是既出了气，又有许多收获吗?”那人听从了朋友的建议，从此便默记偷学，甚至下班还留在办公室研究写商业文书的方法。一年之后，那位朋友偶然遇到他，问道：“你现在大概多半都学会了，可以准备拍桌子不干了吧?”“可是我发现近半年来，老板对我刮目相看，最近更总是委以重任，又升职、又加薪，我已经成为公司的红人了。”“这是我早就料到的!”他的朋友笑着说，“当初你的老板不重视你，是因为你的能力不足，却又不努力学习；而后你痛下苦功，担当日巨，当然会令他对你刮目相看。只知抱怨老板的态度，却不反省自己，这是人们常犯的毛病啊!”

新闻速递

左右倒手关联交易 青鸟华光被处罚

资料来源　张健鹏，胡足青．并非偶然（小中见大智慧文丛）[M]．北京：当代世界出版社，2005.

教授寄语：如果你不被老板重视，不妨试试这种“报仇”方法。

第四章　日常会计交易或事项的账务处理

日常会计交易或事项是指本月发生的除成本计算、期末会计事项和会计报表编制外的会计交易或事项。根据企业会计核算的基本岗位设置及职责，结合该企业采用“科目汇总表核算形式”的要求，日常会计交易或事项的账务处理流程和要求如下：

（1）审核会计交易或事项（原始凭证）。审核员（会计主管）接到外来或自制的原始凭证后：❶对其进行合法性、合规性、合理性审核并签署审核意见；❷按照业务顺序将审核无误的各个原始凭证按照裁剪线进行撕裁并传递给制单会计。

（2）编制记账凭证。制单会计对经审核员（会计主管）审核无误的原始凭证：❶在空白记账凭证上编制会计分录并在记账凭证的“制单”处签名或盖章（**提示：**车间或部门领用材料的业务和产成品入库业务，**不编制记账凭证**）；❷将原始凭证粘贴在已填制完成的记账凭证后面，并将其传递给审核员（会计主管）；❸记账凭证右上角的编号：总号填写业务序号，分号分别“收”“付”“转”按照顺序编写。（**提示：**会计事项或交易需要编制收款凭证7张、付款凭证26张、转账凭证34张）

（3）登记库存现金和银行存款日记账。出纳员接到审核员（会计主管）审核无误的收款凭证和付款凭证后：❶根据记账凭证逐日、逐笔登记库存现金日记账和银行存款日记账；❷在每一日最后一笔收付款业务登记完毕后，按日对日记账进行本日合计并结出余额。（**提示：由于本教材的库存现金收付款业务较少，可略去这一步骤**）

（4）登记明细账。记账会计根据审核无误的记账凭证和有关原始凭证登记有关明细账，其中：❶“原材料明细账”的登记依据为**收料单**和**领料单**，“凭证字号”栏的“字”应填写“收”字或“领”字，“凭证字号”栏的“号”应填写收料单和领料单右上角的编号；❷“库存商品明细账”的登记依据为**产品入库单**和**产品出库单**，“凭证字号”栏的“字”应填写“入”字或“出”字，“凭证字号”栏的“号”应填写产品入库单和产品出库单右上角的编号；❸“原材料明细账”和“库存商品明细账”应逐笔结出结存数量；❹其余明细账的登记依据为记账凭证，“凭证字号”栏应填写记账凭证右上角的编号（分号），分别为：收1、收2、……；付1、付2、……；转1、转2、……。

（5）编制“科目汇总表”并登记总分类账。❶本企业分上半月和下半月编制“科目汇总表”，当每半月的日常会计交易或事项填制完记账凭证后，主管会计应对其记账凭证进行汇总，编制“科目汇总表”。❷记账会计根据“科目汇总表”登记总分类账。其中：凭证字号为：科汇1、科汇2、……；“摘要”栏应分别填写**“上半月发生额”**和**“下半月发生额”**字样。

错账更正：
划线更正法

错账更正：
红字更正法（一）

错账更正：
红字更正法（二）

错账更正：
补充登记法

业务提示

业务1-5-1

浦江市永春机械公司　报账（付款）审批单

部门：供销科　　　　2×23年12月01日

经手人	鲍巩英	事由	购进材料并签发商业承兑汇票
项目名称	金额（元）	付款（结算）方式	备注
购进乙材料	66 510.00	商业承兑汇票	对方代垫运费
合　计	66 510.00		
单位负责人审批 同意。 李永春	财务主管 同意。 钱一凡	部门领导 同意。 卜发愁	出纳员 张理财

附单据3张

业务1-5-2

电子发票（增值税专用发票）

发票号码：23511000000034001211

开票日期：2×23年11月28日

购买方信息	销售方信息
名称：浦江市永春机械公司 统一社会信用代码/纳税人识别号： 91310040213456070M	名称：广州市秋林机械公司 统一社会信用代码/纳税人识别号： 91510206316453201A

项目名称	规格型号	单位	数量	单价	金额	税率	税额
*黑色金属压延品*乙材料		千克	1 000	55.00	55 000.00	13%	7 150.00
合　计					¥55 000.00		¥7 150.00
价税合计（大写）	⊗陆万贰仟壹佰伍拾元整				（小写）¥62 150.00		
备注							

商业承兑汇票

开票人：刘大科

业务1-5-3

电子发票（增值税专用发票）

货物运输服务

发票号码：23511000000039004210

开票日期：2×23年11月28日

购买方信息	销售方信息
名称：浦江市永春机械公司 统一社会信用代码/纳税人识别号： 91310040213456070M	名称：广州市前进物流公司 统一社会信用代码/纳税人识别号： 91510106316783240A

项目名称	单位	数量	单价	金额	税率/征收率	税额
*陆路运输*其他陆路运输	吨公里	5 000	0.80	4 000.00	9%	360.00
合　计				¥4 000.00		¥360.00

运输工具种类	运输工具牌号	起运地	到达地	运输货物名称
大卡车	粤A36081	广州新港	浦江市建设路	乙材料

价税合计（大写）	⊗肆仟叁佰陆拾元整	（小写）¥4 360.00
备注		

开票人：黄大春

业务1-5-4

浦江市永春机械公司　收料单

编号：101

供货单位：广州市秋林机械公司　　2×23年12月01日　　仓库：原料库

材料类别	材料编号	名称及规格	计量单位	数量		实际成本（元）			
				应收	实收	发票价格	采购费用	合计	单价
（略）	（略）	乙材料	千克	1 000	1 000	55 000	4 000	59 000	59.00
合　计									

二 财务联

供销主管：卜发愁　　保管员：特认真　　记账：高桂格　　制单：艾志丹

业务1-5-5

商业承兑汇票 2

出票日期（大写）贰×贰叁年壹拾贰月零壹日　　00800392

付款人			收款人		
付款人	全　称	浦江市永春机械公司	收款人	全　称	广州市秋林机械公司
付款人	账　号	230045006	收款人	账　号	382246790
付款人	开户行	中国工商银行浦江市支行	收款人	开户行	中国工商银行天明路办事处
出票金额	人民币（大写）	陆万陆仟伍佰壹拾元整	亿千百十万千百十元角分		¥6651000 0
汇票到期日（大写）	贰×贰肆年零肆月零壹日		付款人开户行	行号	105603000606
交易合同号码			付款人开户行	地址	浦江市建设路180号

本汇票已经承兑，到期无条件付款。

承兑人签章　承兑日期：2×23年12月01日

本汇票请予以承兑，并于到期日付款。

出票人签章

（印章：浦江市永春机械公司 财务专用章；李永春印）

（复印件与原件核对一致）

此联持票人开户行随托收凭证寄付款人开户行作借方凭证附件

业务2-5-1

浦江市永春机械公司　报账（付款）审批单

部门：供销科　　2×23年12月01日

经手人	鲍巩英	事由	支付金通机械公司货款
项目名称	金额（元）	付款（结算）方式	备注
材料采购	481 975.00	网银	
合　计	481 975.00		
单位负责人审批 同意。 李永春	财务主管 同意。 钱一凡	部门领导 同意。 卜发愁	出纳员 张理财

附单据3张

业务提示

业务2-5-2

电子发票（增值税专用发票）

发票号码：23141000050034004218

开票日期：2×23年11月28日

购买方信息	名称：浦江市永春机械公司 统一社会信用代码/纳税人识别号： 91310040213456070M	销售方信息	名称：太原市金通机械公司 统一社会信用代码/纳税人识别号： 91140106315853205A

项目名称	规格型号	单位	数量	单价	金额	税率	税额
*黑色金属压延品*甲材料		千克	2 500	100.00	250 000.00	13%	32 500.00
*黑色金属压延品*乙材料		千克	3 000	50.00	150 000.00	13%	19 500.00
合　计					¥400 000.00		¥52 000.00
价税合计（大写）	⊗肆拾伍万贰仟元整				（小写）¥452 000.00		
备注							

开票人：郭有理

业务2-5-3

电子发票（增值税专用发票）

货物运输服务

发票号码：23511000050038004217

开票日期：2×23年11月28日

购买方信息	名称：浦江市永春机械公司 统一社会信用代码/纳税人识别号： 91310040213456070M	销售方信息	名称：太原市茂源物流公司 统一社会信用代码/纳税人识别号： 91140206316783240A

项目名称	单位	数量	单价	金额	税率/征收率	税额
*陆路运输*其他陆路运输	吨公里	34 375	0.80	27 500.00	9%	2 475.00
合　计				¥27 500.00		¥2 475.00

运输工具种类	运输工具牌号	起运地	到达地	运输货物名称
大卡车	晋A48082	太原市平阳路	浦江市建设路	甲材料、乙材料

价税合计（大写）	⊗贰万玖仟玖佰柒拾伍元整	（小写）¥29 975.00
备注		

开票人：王春天

业务2-5-4

浦江市永春机械公司　收料单

编号：102

供货单位：太原市金通机械公司　　2×23年12月01日　　仓库：原料库

材料类别	材料编号	名称及规格	计量单位	数量		实际成本（元）			
				应收	实收	发票价格	采购费用	合计	单价
（略）	（略）	甲材料	千克	2 500	2 500	250 000	12 500	262 500	105.00
		乙材料	千克	3 000	3 000	150 000	15 000	165 000	55.00
合　计						400 000	27 500	427 500	

二 财务联

供销主管：卜发愁　保管员：特认真　记账：高桂格　制单：艾志丹

业务2-5-5

ICBC 中国工商银行　业务回单（付款）

日期：2×23年12月01日　　　　回单编号：180C8000023

付款人户名：浦江市永春机械公司	付款人开户行：中国工商银行浦江市支行	
付款人账号（卡号）：230045006		
收款人户名：太原市金通机械公司	收款人开户行：中国工商银行府东街办事处	
收款人账号（卡号）：246790025		
金额：肆拾捌万壹仟玖佰柒拾伍元整	小写：481 975.00元	
业务（产品）种类：结算业务凭证	凭证种类：000000000	凭证号码：000000000000000000
摘要：支付货款	用途：转账	币种：人民币
交易机构：04100000292	记账柜员：03741	交易代码：02108　渠道：柜面
产品名称	费用名称	
应付金额：481 975.00元	实付金额：481 975.00元	收费渠道：其他
本回单为第一次打印，注意重复	打印日期：2×23年12月01日	打印柜员：8　验证码：DA45340EF025

（印章：中国工商银行浦江市支行 业务专用章 （1））

业务3-3-1

浦江市永春机械公司　领料单

编号：201

领料单位：生产车间　　2×23年12月01日　　仓库：原材料库

材料类别	材料编号	名称及规格	计量单位	数量		单价	金额	领料用途
				请领	实发			
（略）	（略）	甲材料	千克	700	700			生产A产品
		乙材料	千克	620	620			
		丙材料	千克	700	700			

车间主管：高安全　保管员：特认真　记账：高桂格　制单：艾志丹

二 财务联

业务3-3-2

浦江市永春机械公司　领料单

编号：202

领料单位：生产车间　　2×23年12月01日　　仓库：原材料库

材料类别	材料编号	名称及规格	计量单位	数量		单价	金额	领料用途
				请领	实发			
（略）	（略）	甲材料	千克	750	750			生产B产品
		乙材料	千克	1 300	1 300			

车间主管：高安全　保管员：特认真　记账：高桂格　制单：艾志丹

二 财务联

业务提示

业务 3-3-3

浦江市永春机械公司 领料单

编号：203

领料单位：供销科　　2×23年12月01日　　仓库：原料库

材料类别	材料编号	名称及规格	计量单位	数量		单价	金额	领料用途
				请领	实发			
（略）	（略）	丙材料	千克	700	700			产品销售包装

二 财务联

车间主管：高安全　　保管员：特认真　　记账：高桂格　　制单：艾志丹

业务 4-3-1

电子发票（增值税专用发票）

发票号码：23311002000034001324

开票日期：2×23年12月01日

购买方信息	名称：浦江市联华机械公司 统一社会信用代码/纳税人识别号： 91310020314956839A	销售方信息	名称：浦江市永春机械公司 统一社会信用代码/纳税人识别号： 91310040213456070M

项目名称	规格型号	单位	数量	单价	金额	税率	税额
*全数机床*A产品		台	100	6 000.00	600 000.00	13%	78 000.00
*全数机床*B产品		台	75	4 000.00	300 000.00	13%	39 000.00
合　计					¥900 000.00		¥117 000.00
价税合计（大写）	⊗壹佰零壹万柒仟元整				（小写）¥1 017 000.00		
备注							

开票人：刘富民

业务提示

业务 4-3-2

ICBC 中国工商银行　业务回单（收款）

日期：2×23年12月01日　　回单编号：18006000023

付款人户名：浦江市联华机械公司　　付款人开户行：中国工商银行北海办事处

付款人账号（卡号）：230086005

收款人户名：浦江市永春机械公司　　收款人开户行：中国工商银行浦江市支行

收款人账号（卡号）：230045006

金额：壹佰零壹万柒仟元整　　小写：1 017 000.00元

业务（产品）种类：结算业务凭证　　凭证种类：000000000　　凭证号码：0000000000000000

摘要：支付货款　　用途：转账　　币种：人民币

交易机构：04100000392　　记账柜员：03742　　交易代码：02108　　渠道：柜面

产品名称　　费用名称

应付金额：1 017 000.00元　　实付金额：1 017 000.00元　　收费渠道：其他

本回单为第一次打印，注意重复　　打印日期：2×23年12月01日　　打印柜员：8　　验证码：DA45330EF025

业务4-3-3

浦江市永春机械公司　产品出库单

购买方：浦江市联华机械公司　　2×23年12月01日　　仓库：成品库　编号：401

产品编号	规格	产品名称	计量单位	数量		单位成本	金额	备注
				应发	实发			
（略）	（略）	A产品	台	100	100			
		B产品	台	75	75			

二 财务联

供销主管：卜发愁　保管员：甄仔细　记账：高桂格　制单：严尧秋

业务5-3-1

浦江市永春机械公司　报账（付款）审批单

部门：办公室　　2×23年12月03日

经手人	焦吉华	事由	支付广告费
项目名称	金额（元）	付款（结算）方式	备注
广告费	37 100.00	网银	
合　计	37 100.00		
单位负责人审批	财务主管	部门领导	出纳员
同意。李永春	同意。钱一凡	同意。赵婉茹	张理财

附单据1张

业务提示

业务5-3-2

电子发票（增值税专用发票）

发票号码：23311008000034001369
开票日期：2×23年12月03日

（印章：全国统一发票监制章 国家税务总局 浦江市税务局）

购买方信息	名称：浦江市永春机械公司 统一社会信用代码/纳税人识别号： 91310040213456070M	销售方信息	名称：浦江市阳明广告公司 统一社会信用代码/纳税人识别号： 91310206318853206A

项目名称	规格型号	单位	数量	单价	金额	税率	税额
*文化创意服务*广告服务		m^2	70	500.00	35 000.00	6%	2 100.00
合　计					¥35 000.00		¥2 100.00
价税合计（大写）	⊗叁万柒仟壹佰元整				（小写）¥37 100.00		
备注							

开票人：常有礼

业务5-3-3

中国工商银行 业务回单（付款）

日期：2×23年12月03日　　回单编号：18008002026

付款人户名：浦江市永春机械公司		付款人开户行：中国工商银行浦江市支行
付款人账号（卡号）：230045006		
收款人户名：浦江市阳明广告公司		收款人开户行：中国工商银行奉化街办事处
收款人账号（卡号）：246790025		
金额：叁万柒仟壹佰元整		小写：37 100.00元
业务（产品）种类：结算业务凭证	凭证种类：000000000	凭证号码：000000000000000000
摘要：支付广告费	用途：转账	币种：人民币
交易机构：04100000292	记账柜员：03741	交易代码：02108　渠道：柜面
产品名称	费用名称	
应付金额：37 100.00元	实付金额：37 100.00元	收费渠道：其他
本回单为第一次打印，注意重复	打印日期：2×23年12月03日	打印柜员：8　验证码：DA37260EF048

（印章：中国工商银行浦江市支行 业务专用章（1））

业务6-4-1

浦江市永春机械公司 报账（付款）审批单

部门：办公室　　2×23年12月03日

经手人	焦吉华	事由	支付职工体检费
项目名称	金额（元）	付款（结算）方式	备注
应付职工薪酬	74 200.00	网银	
合　计	74 200.00		
单位负责人审批	财务主管	部门领导	出纳员
同意。李永春	同意。钱一凡	同意。赵婉茹	张理财

附单据2张

业务提示

业务6-4-2

电子发票（普通发票）

发票号码：23311000060033001258

开票日期：2×23年12月03日

（印章：全国统一发票监制章 国家税务总局 浦江市税务局）

购买方信息 名称：浦江市永春机械公司 统一社会信用代码/纳税人识别号： 91310040213456070M				销售方信息 名称：浦江市人民医院 统一社会信用代码/纳税人识别号： 91310020124806007E			
项目名称	规格型号	单位	数量	单价	金额	税率	税额
*教育医疗服务*体检费		人/次	70	1 000.00	70 000.00	6%	4 200.00
合　计					¥70 000.00		¥4 200.00
价税合计（大写）	⊗柒万肆仟贰佰元整				（小写）¥74 200.00		
备注							

开票人：张国华

业务6-4-3

职工福利费分配表

2×23年12月03日　　　　单位：元

职工福利费项目	车间、部门及人员类别		应分配金额
职工体检费	车间生产人员	A产品	31 500
		B产品	24 500
		小　计	56 000
	车间管理人员		3 500
	专设销售机构人员		3 500
	行政管理部门人员		11 200
合　计			74 200

业务6-4-4

ICBC 中国工商银行　业务回单（付款）

日期：2×23年12月03日　　　　回单编号：18008003028

付款人户名：浦江市永春机械公司　　付款人开户行：中国工商银行浦江市支行

付款人账号（卡号）：230045006

收款人户名：浦江市人民医院　　收款人开户行：中国建设银行浦江市支行

收款人账号（卡号）：460078926

金额：柒万肆仟贰佰元整　　小写：74 200.00元

业务（产品）种类：结算业务凭证　　凭证种类：000000000　　凭证号码：00000000000000000

摘要：支付职工体检费　　用途：转账　　币种：人民币

交易机构：04100000292　　记账柜员：03741　　交易代码：02108　　渠道：柜面

产品名称　　费用名称

应付金额：74 200.00元　　实付金额：74 200.00元　　收费渠道：其他

本回单为第一次打印，注意重复　　打印日期：2×23年12月03日　　打印柜员：8　　验证码：DA45280EF059

（印章：中国工商银行浦江市支行 业务专用章（1））

业务7

浦江市永春机械公司　收料单

供货单位：广州市望海机械公司　　2×23年12月03日　　编号：103　　仓库：原材库

材料类别	材料编号	名称及规格	计量单位	数量		实际成本（元）			
				应收	实收	发票价格	采购费用	合计	单价
（略）	（略）	丙材料	千克	500	500	43 000	1 000	44 000	88.00
合　计									

（印章：在途材料验收入库）

二 财务联

业务提示

供销主管：卜发愁　　保管员：特认真　　记账：高桂格　　制单：艾志丹

业务 8-2-1

ICBC 中国工商银行 电子转账凭证

币种：人民币　　委托日期 2×23年12月05日　　凭证编号：00278561

付款人	全　称	浦江市永春机械公司	收款人	全　称	批量代付
	账　号	230045006		账　号	230045006
	汇出地点	浦江市		地　址	浦江市
汇出行名称		中国工商银行浦江市支行	汇入行名称		中国工商银行浦江市支行
金额	人民币（大写）肆拾玖万捌仟元整		亿 千 百 十 万 千 百 十 元 角 分		¥ 4 9 8 0 0 0 0 0
附加信息及用途	应付上月职工工资	银行盖章	支付密码		
			根据中国工商银行浦江市永春机械公司客户120930号电子命令，上述款项已由本行支付。		
			客户经办人：1562　复核：　记账：		

第一联 客户回单

（印章：中国工商银行浦江市支行 2×23年12月05日 转讫）

业务提示

业务 8-2-2

特色业务中国工商银行批量代付成功清单

机构代码：91310040213456070M　　机构名称：中国工商银行浦江市支行　　入账日期：2×23年12月05日

客户账号	姓　名	金　额
6220241000005160341	（略）	（略）
6220241000005160342	（略）	（略）
6220241000005160343	（略）	（略）
6220241000005160344	（略）	（略）
6220241000005160345	（略）	（略）
（以下略）	（略）	（略）
合　计		498 000.00

（印章：中国工商银行浦江市支行 2×23年12月05日 转讫）

业务 9

浦江市永春机械公司 产品入库单

仓库：成品库

交库单位：生产车间　　2×23年12月05日　　编号：301

产品编号	规格	产品名称	计量单位	数量		单位成本	总成本	备　注
				送检	实收			
（略）	（略）	A产品	台	150	150			完工入库
		B产品	台	200	200			

二 财务联

车间主管：高安全　　保管员：甄仔细　　记账：高桂格　　制单：艾志丹

业务提示

业务 10-3-1

浦江市永春机械公司 报账（付款）审批单

部门：办公室　　　　2×23年12月05日

经手人	焦吉华	事由	红十字会抗洪救灾捐款
项目名称	金额（元）	付款（结算）方式	备注
公益救济性捐赠	47 000.00	转账支票	
合　计	47 000.00		
单位负责人审批 同意。 李永春	财务主管 同意。 钱一凡	部门领导 同意。 赵婉茹	出纳员 张理财

附单据 1 张

业务提示

业务 10-3-2

浦江市行政事业单位收款收据

收据代码 31000002
收据号码 34502800

单位或个人名称：浦江市永春机械公司　　2×23年12月05日

项　目	单　位	数　量	收费标准	百	十	万	千	百	十	元	角	分	备　注
抗洪救灾捐款						4	7	0	0	0	0	0	
合计金额：人民币（大写）肆万柒仟元整					¥	4	7	0	0	0	0	0	

收款单位：（章）　　开票人：赵大明　　收款人：王爱红

②收据联

（印章：浦江市红十字会 913100109876673 75A 发票专用章）

业务 10-3-3

ICBC 中国工商银行 转账支票存根

支票号码 20203132

附加信息

出票日期：2×23年12月05日

收款人：	浦江市红十字会
金　额：	47 000.00
用　途：	捐赠抗洪救灾

单位主管：李永春　　会计：高桂格

业务11-2-1

浦江市永春机械公司 收料单

编号：104

供货单位：浦江市鸿运机械公司　　2×23年12月05日　　仓库：原料库

材料类别	材料编号	名称及规格	计量单位	数量		实际成本（元）			
				应收	实收	发票价格	采购费用	合计	单价
（略）	（略）	丙材料	千克	500	500	45 000		45 000	90.00
合　计									

二 财务联

供销主管：卜发愁　　保管员：特认真　　记账：高桂格　　制单：艾志丹

业务提示

业务11-2-2

电子发票（增值税专用发票）

全国统一发票监制章 国家税务总局 浦江市税务局

发票号码：23311003000034005687

开票日期：2×23年12月05日

购买方信息	名称：浦江市永春机械公司 统一社会信用代码/纳税人识别号： 91310040213456070M	销售方信息	名称：浦江市鸿运机械公司 统一社会信用代码/纳税人识别号： 91310206314853260A

项目名称	规格型号	单位	数量	单价	金额	税率	税额
*黑色金属压延品*丙材料		千克	500	90.00	45 000.00	13%	5 850.00
合　计					¥45 000.00		¥5 850.00
价税合计（大写）	⊗伍万零捌佰伍拾元整				（小写）¥50 850.00		
备注							

货款未付

开票人：徐杨帆

业务12-4-1

浦江市永春机械公司 报账（付款）审批单

部门：办公室　　2×23年12月05日

经手人	焦吉华	事由	支付购买机床款
项目名称	金额（元）	付款（结算）方式	备注
机床	232 780.00	网银	HT98型机床直接交付车间并由销货方负担运费 BN69型电解炉及附属设备直接交付安装
电解炉	440 700.00	网银	
合　计	673 480.00		
单位负责人审批 同意。 李永春	财务主管 同意。 钱一凡	部门领导 同意。 赵婉茹	出纳员 张理财

附单据2张

业务提示

业务 12-4-2

电子发票（增值税专用发票）

发票号码：23511001000024001228

开票日期：2×23 年 12 月 04 日

购买方信息		销售方信息	
名称：浦江市永春机械公司		名称：广州市重型机械公司	
统一社会信用代码/纳税人识别号：91310040213456070M		统一社会信用代码/纳税人识别号：91510206316453201A	

项目名称	规格型号	单位	数量	单价	金额	税率	税额
*全数机床*机床	HT98 型	台	4	51 500.00	206 000.00	13%	26 780.00
*溶解设备*电解炉	BN69 型	套	2	195 000.00	390 000.00	13%	50 700.00
合　计					¥596 000.00		¥77 480.00
价税合计（大写）	⊗陆拾柒万叁仟肆佰捌拾元整				（小写）¥673 480.00		
备注							

开票人：杨若凡

业务 12-4-3

ICBC 中国工商银行　业务回单（付款）

日期：2×23 年 12 月 05 日　　回单编号：18008005025

付款人户名：浦江市永春机械公司		付款人开户行：中国工商银行浦江市支行
付款人账号（卡号）：23004506		
收款人户名：广州市重型机械公司		收款人开户行：中国工商银行江川路办事处
收款人账号（卡号）：38220691		
金额：陆拾柒万叁仟肆佰捌拾元整		小写：673 480.00 元
业务（产品）种类：结算业务凭证	凭证种类：000000000	凭证号码：0000000000000000
摘要：支付货款	用途：转账	币种：人民币
交易机构：04100000292	记账柜员：03741	交易代码：02108　渠道：柜面
产品名称	费用名称	
应付金额：673 480.00 元	实付金额：673 480.00 元	收费渠道：其他
本回单为第一次打印，注意重复	打印日期：2×23 年 12 月 05 日	打印柜员：8　验证码：DA12345EF137

业务 12-4-4

固定资产交接（验收）单

2×23 年 12 月 05 日

编号	名称	规格	型号	计量单位	数量	建造单位		备注
0512	机床		HT98 型	台	4	广州市重型机械公司		
总价	买价	安装费	运杂费	包装费	其他	原值	预计年限	净残值率
	206 000					206 000	10 年	5%
用途	生产用		使用部门		生产车间		已提折旧	
验收意见		合格，交付使用			验收人签章		陆新华	

财务主管：钱一凡　　制单：刘景明　　复核：高桂格

业务 13-3-1

浦江市永春机械公司　产品出库单

购买方：兰州市明远机械公司　　2×23年12月07日　　仓库：成品库　编号：402

产品编号	规格	产品名称	计量单位	数量 应发	数量 实发	单位成本	金额	备注
（略）	（略）	A产品	台	75	75			对方自提
		B产品	台	75	75			

二　财务联

业务提示

供销主管：卜发愁　保管员：甄仔细　记账：高桂格　制单：严尧秋

业务 13-3-2

电子发票（增值税专用发票）

发票号码：23311000500034001147

开票日期：2×23年12月07日

购买方信息	销售方信息
名称：兰州市明远机械公司	名称：浦江市永春机械公司
统一社会信用代码/纳税人识别号：91620120314956840A	统一社会信用代码/纳税人识别号：91310040213456070M

项目名称	规格型号	单位	数量	单价	金额	税率	税额
*全数机床*A产品		台	75	6 000.00	450 000.00	13%	58 500.00
*全数机床*B产品		台	75	4 000.00	300 000.00	13%	39 000.00
合　计					¥750 000.00		¥97 500.00
价税合计（大写）	⊗捌拾肆万柒仟伍佰元整				（小写）¥847 500.00		
备注							

开票人：刘富民

（印章：全国统一发票监制章 国家税务总局 浦江市税务局；商业承兑汇票）

业务 13-3-3

商业承兑汇票　2

出票日期（大写）：贰×贰叁年壹拾贰月零柒日　　00800393

付款人	全　称	兰州市明远机械公司	收款人	全　称	浦江市永春机械公司
	账　号	680586004		账　号	230045006
	开户行	中国工商银行兰州市分行		开户行	中国工商银行浦江市支行
出票金额	人民币（大写）	捌拾肆万柒仟伍佰元整		亿千百十万千百十元角分	¥84750000
汇票到期日（大写）	贰×贰肆年零肆月零柒日		付款人开户行	行号	380011457
交易合同号码				地址	兰州市明星路388号
本汇票已经承兑，到期无条件付款。承兑人签章　承兑日期：2×23年12月07日			本汇票请予以承兑，并于到期日付款。出票人签章		

此联持票人开户行随托收凭证寄付款人开户行作借方凭证附件

（印章：兰州市明远机械公司 财务专用章；张远明印；复印件与原件核对一致）

业务 14-2-1

中华人民共和国
税收专用缴款书

（2×23）505 70525
浦税缴

注册类型：有限责任公司　　填发日期：2×23年12月09日　　征收机关：浦江市税务分局

缴款单位（人）	代码	91310040213456070M	预算科目 编码	
	全称	浦江市永春机械公司	名称	增值税
	开户银行	中国工商银行浦江市支行	级次	中央50%　地方50%
	账号	230045006	收款国库	浦江市中心支库
税款所属时期		2×23年11月1日—30日	税款限缴日期	2×23年12月10日

品目名称	课税数量	计税金额或销售收入	税率或单位税额	已缴或扣除额	千	百	十	万	千	百	十	元	角	分
增值税			13%				1	3	3	9	0	0	0	0
金额合计	人民币（大写）壹拾叁万叁仟玖佰元整					¥	1	3	3	9	0	0	0	0

缴款单位（人）（盖章）经办人（章）　税务机关（盖章）填票人（章）　上列款项已收妥并划转收款单位账户 国库（银行）盖章 年 月 日　备注

逾期不缴按税法规定加收滞纳金

第一联（收据）国库（银行）收款盖章后退缴款单位（人）作完税凭证

业务提示

业务 14-2-2

中华人民共和国
税收专用缴款书

（2×23）303 70323
浦税缴

注册类型：有限责任公司　　填发日期：2×23年12月09日　　征收机关：浦江市税务分局

缴款单位（人）	代码	91310040213456070M	预算科目 编码	
	全称	浦江市永春机械公司	名称	
	开户银行	中国工商银行浦江市支行	级次	
	账号	230045006	收款国库	浦江市中心支库
税款所属时期		2×23年11月1日—30日	税款限缴日期	2×23年12月10日

品目名称	课税数量	计税金额或销售收入	税率或单位税额	已缴或扣除额	千	百	十	万	千	百	十	元	角	分
企业所得税		800 000	25%				2	0	0	0	0	0	0	0
城市维护建设税		200 000	7%					1	4	0	0	0	0	0
教育费附加		200 000	3%						6	0	0	0	0	0
地方教育附加		200 000	2%						4	0	0	0	0	0
金额合计	人民币（大写）贰拾贰万肆仟元整					¥	2	2	4	0	0	0	0	0

缴款单位（人）（盖章）经办人（章）　税务机关（盖章）填票人（章）　上列款项已收妥并划转收款单位账户 国库（银行）盖章 年 月 日　备注

逾期不缴按税法规定加收滞纳金

第一联（收据）国库（银行）收款盖章后退缴款单位（人）作完税凭证

业务 15-2-1

浦江市永春机械公司 报账（付款）审批单

部门：财务科

2×23年12月09日

经手人	甄紫曦	事由	支付到期商业承兑汇票款
项目名称	金额（元）	付款（结算）方式	备注
应付票据	320 000.00	委托收款（付款通知）	
合　计	320 000.00		
单位负责人审批 同意。 李永春	财务主管 同意。 钱一凡	部门领导	出纳员 张理财

附单据 1 张

业务提示

业务 15-2-2

ICBC 中国工商银行 托收凭证（付款通知） 5

委托日期 2×23年12月06日　　付款期限 2×23年12月09日

业务类型		委托收款（☑邮划、□电划）　　托收承付（□邮划、□电划）															
付款人	全　称	浦江市永春机械公司			收款人	全　称	广州市秋林机械公司										
	账　号	230045006				账　号	382246790										
	地　址	浦江省浦江市/县	开户行	工行浦支		地　址	广东省广州市/县	开户行	工行天办								
金额	人民币（大写）	叁拾贰万元整						千	百	十	万	千	百	十	元	角	分
									¥	3	2	0	0	0	0	0	0
款项内容		货款	托收凭据名称		商业承兑汇票		附寄单证张数	1									
商品发运情况					合同名称号码												
备注： 该商业承兑汇票到期日为 2×23年12月09日 复核　记账			付款人开户银行签章 （中国工商银行浦江市支行 2×23年12月09日 转讫） 2×23年12月09日		付款人注意： 1. 根据支付结算办法，上列委托收款（托收承付）款项在付款期限内未提出拒付，即视为同意付款，以此代付款通知。 2. 如需提出全部或部分拒付，应在规定期限内，将拒付理由书并附债务证明退交开户银行。												

此联为付款人开户银行给付款人的按期付款通知

业务 16

坏账损失确认单

2×21年3月入账的应收西宁市美隆锅炉公司货款7 000元，经当地主管部门确认，该公司已于1年前破产。因此，该款项已无法收回，经公司董事会讨论决定，将该款项作为坏账损失处理。

（浦江市永春机械公司 印章）

财务经理：钱一凡

2×23年12月09日

财务主管：钱一凡　　制单：刘景明　　复核：高桂格

业务提示

业务 17-3-1

浦江市永春机械公司 报账（付款）审批单

部门：办公室　　2×23年12月11日

经手人	焦吉华	事由	支付车间房屋修缮费
项目名称	金额（元）	付款（结算）方式	备注
办公大楼修缮费	78 698.00	网银	
合　计	78 698.00		
单位负责人审批 同意。 李永春	财务主管 同意。 钱一凡	部门领导 同意。 赵婉茹	出纳员 张理财

附单据 1 张

业务提示

业务 17-3-2

电子发票（增值税专用发票）

建筑服务

发票号码：22311000008089561217

开票日期：2×23年12月11日

购买方信息	名称：浦江市永春机械公司 统一社会信用代码/纳税人识别号： 91310040213456070M	销售方信息	名称：浦江市方正建筑公司 统一社会信用代码/纳税人识别号： 91310112784668212A

项目名称	建筑服务发生地	建筑项目名称	金额	税率/征收率	税额
*建筑服务*修缮服务	浦江市建设路68号	办公大楼修理	72 200.00	9%	6 498.00
合　计			¥72 200.00		¥6 498.00
价税合计（大写）	⊗柒万捌仟陆佰玖拾捌元整			（小写）	¥78 698.00
备注	土地增值税项目编号： 跨地（市）标志：				

开票人：白玫瑰

业务 17-3-3

ICBC 中国工商银行 业务回单（付款）

日期：2×23年12月11日　　回单编号：1800800027

付款人户名：浦江市永春机械公司　　付款人开户行：中国工商银行浦江市支行

付款人账号（卡号）：230045006

收款人户名：浦江市方正建筑公司　　收款人开户行：中国工商银行浦江市支行

收款人账号（卡号）：23005144

金额：柒万捌仟陆佰玖拾捌元整　　小写：78 698.00元

业务（产品）种类：结算业务凭证　　凭证种类：000000000　　凭证号码：000000000000000000

摘要：支付办公大楼修缮费　　用途：转账　　币种：人民币

交易机构：04100000292　　记账柜员：03741　　交易代码：02108　　渠道：柜面

产品名称　　费用名称

应付金额：78 698.00元　　实付金额：78 698.00元　　收费渠道：其他

本回单为第一次打印，注意重复　　打印日期：2×23年12月11日　　打印柜员：8　　验证码：DA36984EF127

业务 18-6-1

浦江市永春机械公司 差旅费报销单

报销日期：2×23年12月11日　　　　单位：元

姓名			鲍巩英			出差事由	参加陕西省港城新产品展销会		
启程日期及地点			到达日期及地点			发票信息			
月	日	地点	月	日	地点	旅客运输	价款	税额	价税合计
12	01	浦江市	12	01	西安市	飞机	1 550.00	135.00	1 685.00
12	01	西安市	12	01	港城	高铁	200.00	18.00	218.00
12	05	西安市	12	05	浦江市	飞机	1 550.00	135.00	1 685.00
住宿地点：港城童话大酒店				住宿天数：4		住宿服务	1 800.00	108.00	1 908.00
小计									5 496.00
出差补助天数：5天			市内交通包干：400.00元			伙食费补助：500.00元			900.00
合计									6 396.00
实报金额	人民币（大写）	陆仟叁佰玖拾陆元整					¥6 396.00		
原预借金额：¥7 000.00				应退金额：¥604.00			应补金额：¥		

报销人签字：鲍巩英　　负责人签章：李永春　　出纳员签章：张理财

业务 18-6-2

电子发票（增值税专用发票）

国家税务总局 陕西省税务局

发票号码：22611000400060523228

旅客运输服务

开票日期：2×23年12月01日

购买方信息	名称：浦江市永春机械公司 统一社会信用代码/纳税人识别号： 91310040213456070M	销售方信息	名称：中国铁路西安局集团有限公司 统一社会信用代码/纳税人识别号： 91610000623110601A

项目名称	单位	数量	单价	金额	税率/征收率	税额
*运输服务*客票款	人	1	200.00	200.00	9%	18.00
合计				¥200.00		¥18.00

出行人	有效身份证件号	出行日期	出发地	到达地	等级	交通工具类型
鲍巩英	1401021998****022X	2×23-12-01	西安市	港城	二等	高铁

价税合计（大写）　⊗贰佰壹拾捌元整　　（小写）¥218.00

备注

开票人：高丽

业务 18-6-3

电子发票（增值税专用发票）

国家税务总局 广东省税务局

发票号码：22441003000069523242

旅客运输服务

开票日期：2×23年12月01日

购买方信息	名称：浦江市永春机械公司 统一社会信用代码/纳税人识别号： 91310040213456070M	销售方信息	名称：中国南方航空股份有限公司 统一社会信用代码/纳税人识别号： 91440000100001760N

项目名称	单位	数量	单价	金额	税率/征收率	税额
*运输服务*客票款	人	1	1 300.00	1 300.00	9%	117.00
*代收民航发展基金*民航发展基金	人	1	50.00	50.00	不征税	***
*运输服务*客运燃油附加费	人	1	200.00	200.00	9%	18.00
合计				¥1 550.00		¥135.00

出行人	有效身份证件号	出行日期	出发地	到达地	等级	交通工具类型
鲍巩英	1401021998****022X	2×23-12-01	浦江市	西安市	经济舱	飞机

价税合计（大写）　⊗壹仟陆佰捌拾伍元整　　（小写）¥1 685.00

备注

开票人：高越男

业务 18-6-4

电子发票（增值税专用发票）

旅客运输服务

发票号码：23441000800069523287

开票日期：2×23 年 12 月 05 日

购买方信息	名称：浦江市永春机械公司 统一社会信用代码/纳税人识别号： 91310040213456070M	销售方信息	名称：中国南方航空股份有限公司 统一社会信用代码/纳税人识别号： 91440000100001760N

项目名称	单位	数量	单价	金额	税率/征收率	税额
*运输服务*客票款	人	1	1 300.00	1 300.00	9%	117.00
*代收民航发展基金*民航发展基金	人	1	50.00	50.00	不征税	***
*运输服务*客运燃油附加费	人	1	200.00	200.00	9%	18.00
合计				¥1 550.00		¥135.00

出行人	有效身份证件号	出行日期	出发地	到达地	等级	交通工具类型
鲍巩英	1401021998****022X	2×23-12-05	西安市	浦江市	经济舱	飞机

价税合计（大写） ⊗壹仟陆佰捌拾伍元整 （小写）¥1 685.00

备注：

开票人：高越男

业务 18-6-5

电子发票（增值税专用发票）

发票号码：23311090000028001212

开票日期：2×23 年 12 月 05 日

购买方信息	名称：浦江市永春机械公司 统一社会信用代码/纳税人识别号： 91310040213456070M	销售方信息	名称：港城童话大酒店 统一社会信用代码/纳税人识别号： 91610000623110601A

项目名称	规格型号	单位	数量	单价	金额	税率	税额
*餐饮住宿服务*住宿费		天	4	450.00	1 800.00	6%	108.00
合计					¥1 800.00		¥108.00

价税合计（大写） ⊗壹仟玖佰零捌元整 （小写）¥1 908.00

备注：

开票人：杨灿烂

业务 18-6-6

浦江市永春机械公司 内部收据

2×23年12月11日

编号:2×231230

今 收 到

鲍巩英 交来 出差借款剩余款

人民币（大写）陆佰零肆元整 （小写）¥604.00

备注:

现金收讫

第二联 记账联

记账：高桂格 出纳：张理财 制单：艾志丹

业务19

ICBC 中国工商银行　电汇凭证（收账通知）　4

☑ 普通　□加急　　委托日期 2×23年12月13日

汇款人			收款人		
汇款人	全称	昆明市锦华机械公司	收款人	全称	浦江市永春机械公司
	账号	280500004		账号	230045006
	开户银行	中国工商银行昆明市支行		开户银行	中国工商银行浦江市支行

金额	人民币（大写）	亿	千	百	十	万	千	百	十	元	角	分
	壹佰叁拾万元整		¥	1	3	0	0	0	0	0	0	0

此汇款已收入收款人账户。

汇入行签章

（印章：中国工商银行浦江市支行 2×23年12月13日 转讫）

支付密码

附加信息及用途：偿还前欠永春机械公司的货款。

复核：　　记账：

2×23年12月13日

此联为给收款人的收账通知

业务提示

业务20-3-1

浦江市永春机械公司　领料单

编号：204

领料单位：生产车间　　2×23年12月13日　　仓库：原料库

材料类别	材料编号	名称及规格	计量单位	数量 请领	数量 实发	单价	金额	领料用途
（略）	（略）	甲材料	千克	1 050	1 050			生产A产品
		乙材料	千克	1 250	1 250			
		丙材料	千克	400	400			

二 财务联

车间主管：高安全　保管员：特认真　记账：高桂格　制单：艾志丹

业务提示

业务20-3-2

浦江市永春机械公司　领料单

编号：205

领料单位：生产车间　　2×23年12月13日　　仓库：原料库

材料类别	材料编号	名称及规格	计量单位	数量 请领	数量 实发	单价	金额	领料用途
（略）	（略）	甲材料	千克	1 000	1 000			生产B产品
		乙材料	千克	1 550	1 550			

二 财务联

车间主管：高安全　保管员：特认真　记账：高桂格　制单：艾志丹

业务20-3-3

浦江市永春机械公司　领料单

领料单位：供销科　　2×23年12月13日　　编号：206　仓库：原料库

材料类别	材料编号	名称及规格	计量单位	数量		单价	金额	领料用途
				请领	实发			
（略）	（略）	丙材料	千克	550	550			产品销售包装

二　财务联

车间主管：高安全　保管员：特认真　记账：高桂格　制单：艾志丹

业务21

ICBC 中国工商银行　现金支票存根

支票号码20103120

附加信息

出票日期：2×23年12月13日

收款人：浦江市永春机械公司

金　额：6 000.00

用　途：提现备用

单位主管：李永春　会计：高桂格

浦江市永春……财务

业务提示

业务22

ICBC 中国工商银行　托收凭证（收账通知）　4

委托日期2×23年12月11日　　付款期限2×23年12月13日

业务类型	委托收款（□邮划、☑电划）　托收承付（□邮划、□电划）					
付款人 全称	兰州市明远机械公司		收款人 全称	浦江市永春机械公司		
付款人 账号	680586004		收款人 账号	230045006		
付款人 地址	甘肃省兰州市	开户行：工行兰分	收款人 地址	省浦江市	开户行：工行浦支	
金额 人民币（大写）	肆拾玖万贰仟伍佰元整		亿千百十万千百十元角分	¥49250000		
款项内容	货款	托收凭据名称	商业承兑汇票	附寄单证张数	1	
商品发运情况			合同名称号码			
备注：该商业承兑汇票到期日为2×23年12月13日　复核　记账			上列款项已划回收入你方账户内。收款人开户银行签章　2×23年12月13日			

中国工商银行浦江市支行　2×23年12月13日　转讫

此联付款人开户行凭以汇款或收款人开户行作收账通知

业务提示

业务23-3-1

浦江市永春机械公司　报账（付款）审批单

部门：办公室　　　　2×23年12月13日

经手人	焦吉华	事由	为各车间部门购办公用品
项目名称	金额（元）	付款（结算）方式	备注
办公用品	5 085.00	库存现金	各车间、部门直接领用
合　计	5 085.00		
单位负责人审批 同意。 李永春	财务主管 同意。 钱一凡	部门领导 同意。 赵婉茹	出纳员 张理财

现金付讫

附单据2张

业务提示

业务23-3-2

电子发票（增值税专用发票）

发票号码：23311000060034003694

开票日期：2×23年12月13日

全国统一发票监制章 国家税务总局 浦江市税务局

购买方信息：名称：浦江市永春机械公司 统一社会信用代码/纳税人识别号： 91310040213456070M	销售方信息：名称：浦江市文苑文化用品公司 统一社会信用代码/纳税人识别号： 91310138241678215A

项目名称	规格型号	单位	数量	单价	金额	税率	税额
*文化用品*复印纸		箱	10	80.00	800.00	13%	104.00
*电脑配件*移动硬盘		个	8	400.00	3 200.00	13%	416.00
*文化用品*文件夹		个	25	20.00	500.00	13%	65.00
合　计					¥4 500.00		¥585.00
价税合计（大写）	⊗伍仟零捌拾伍元整				（小写）¥5 085.00		
备注							

开票人：张清远

业务23-3-3

办公用品领用及费用分配表

2×23年12月13日　　　　金额单位：元

领用部门	复印纸		移动硬盘		文件夹		金额合计	签　字
	数量	金额	数量	金额	数量	金额		
生产车间	2	160.00	2	800.00	2	40.00	1 000.00	高安全
企业管理部门	8	640.00	6	2 400.00	23	460.00	3 500.00	赵婉茹
合　计	10	800.00	8	3 200.00	25	500.00	4 500.00	

备注：办公用品直接交付各车间、部门使用

财务主管：钱一凡　　制单：严尧秋　　记账：高桂格

业务24

ICBC 中国工商银行 现金缴款单

委托日期 2×23年12月13日　　　　序号：

客户填写部分	收款人户名	浦江市永春机械公司					
	收款人账号	230045006		收款人开户行	工商银行浦江市支行		
	缴款人	张理财		款项来源	备用金		
	币种	人民币☑ 外币☐	大写：壹仟伍佰壹拾玖元整		百十万千百十元角分 ¥ 1 5 1 9 0 0		
	券别	100元	50元	20元	10元	5元	1元
	张数	10	10		1	1	4
	辅币(金额)		封包(金额)				
银行打印	上述款项已入账，请核对与银行打印信息一致。						

（印章：中国工商银行浦江市支行 2×23年12月13日 转讫）

(银行打印有效)　　　　收款人：王大忠

第二联 收款人入账通知

业务提示

业务25

无法支付应付款项确认单

2×21年11月入账的应付唐山华远钢铁公司的货款7 900元，经当地主管部门确认，该公司已于1年前破产清算完毕。因此，该款项已无法支付，经公司董事会讨论决定，将该款项作为营业外收入处理。

情况属实，同意。　　钱一凡

2×23年12月15日

财务主管：钱一凡　　制单：刘景明　　记账：高桂格

业务提示

业务26

浦江市永春机械公司　领料单

领料单位：生产车间　　2×23年12月15日　　编号：207　仓库：原料库

材料类别	材料编号	名称及规格	计量单位	数量 请领	数量 实发	单价	金额	领料用途
（略）	（略）	甲材料	千克	347	347			生产车间一般性消耗
		丙材料	千克	100	100			

车间主管：高安全　　保管员：特认真　　记账：高桂格　　制单：艾志丹

二 财务联

业务提示

业务27-2-1

浦江市永春机械公司　报账（付款）审批单

部门：财务科　　2×23年12月17日

经手人	甄紫曦	事由	预交本月增值税
项目名称	金额（元）	付款（结算）方式	备注
应交增值税	59 606.00	银行转账	
合　计	59 606.00		
单位负责人审批 同意。 李永春	财务主管 同意。 钱一凡	部门领导	出纳员 张理财

附单据1张

业务提示

业务27-2-2

ICBC 中国工商银行　电子缴税付款凭证

委托日期2×23年12月17日　　凭证字号：02567256

纳税人全称及纳税人识别号：浦江市永春机械公司 91310040213456070M

付款人全称：浦江市永春机械公司

付款人账号：230045006　　征收机关名称：浦江市税务分局

付款人开户银行：中国工商银行浦江市支行　　收款国库(银行)名称：国家金库浦江市支库

小写(合计)金额：¥59 606.00　　缴款书交易流水号：9131136512M

大写(合计)金额：人民币伍万玖仟陆佰零陆元整　　税票号码：127159191070216812

（印章：中国工商银行浦江市支行 2×23年12月17日 转讫）

税费种名称	所属时期	实缴金额
增值税	2×23-12-01—2×23-12-15	¥59 606.00
第一次打印	打印时间：2×23-12-17	

复核：李鼎旺　　记账：药景明

第二联　作付款回单

业务28-4-1

浦江市永春机械公司　报账（付款）审批单

部门：办公室　　2×23年12月17日

经手人	焦古华	事由	结算电解炉工程安装费
项目名称	金额（元）	付款（结算）方式	备注
电解炉工程	7 848.00	网银	
合　计	7 848.00		
单位负责人审批	财务主管	部门领导	出纳员
同意。 李永春	同意。 钱一凡	同意。 赵婉茹	张理财

附单据2张

业务提示

业务 28-4-2

ICBC 中国工商银行　业务回单（付款）

日期：2×23 年 12 月 17 日　　　回单编号：18008007013

付款人户名：浦江市永春机械公司		付款人开户行：中国工商银行浦江市支行
付款人账号（卡号）：230045006		
收款人户名：浦江市晋源安装公司		收款人开户行：中国工商银行浦江市支行
收款人账号（卡号）：230051792		
金额：柒仟捌佰肆拾捌元整		小写：7 848.00 元
业务（产品）种类：结算业务凭证	凭证种类：000000000	凭证号码：000000000000000000
摘要：支付安装费	用途：转账	币种：人民币
交易机构：04100000292	记账柜员：03741	交易代码：02108　渠道：柜面
产品名称	费用名称	
应付金额：7 848.00 元	实付金额：7 848.00 元	收费渠道：其他
本回单为第一次打印，注意重复	打印日期：2×23 年 12 月 17 日	打印柜员：8　验证码：DA24780EF318

（印章：中国工商银行浦江市支行 业务专用章（1））

业务 28-4-3

电子发票（增值税专用发票）

（印章：全国统一发票监制章 国家税务总局 浦江市税务局）

建筑服务

发票号码：22311007000083561236

开票日期：2×23 年 12 月 17 日

购买方信息　名称：浦江市永春机械公司 统一社会信用代码/纳税人识别号： 91310040213456070M	销售方信息　名称：浦江市晋源安装公司 统一社会信用代码/纳税人识别号： 91310112784788931A

项目名称	建筑服务发生地	建筑项目名称	金额	税率/征收率	税额
*建筑服务*安装服务	浦江市建设路 68 号	电解炉工程	7 200.00	9%	648.00
合　计			¥7 200.00		¥648.00
价税合计（大写）	⊗柒仟捌佰肆拾捌元整			（小写）	¥7 848.00
备注	土地增值税项目编号： 跨地（市）标志：				

开票人：张福康

业务 28-4-4

固定资产交接（验收）单

2×23 年 12 月 17 日

编号	名称	规格	型号	计量单位	数量	建造单位		备注
0512	电解炉		BN69 型	套	2	广州市重型机械公司		
总价	买价	安装费	运杂费	包装费	其他	原值	预计年限	净残值率
	390 000	7 200			50 000	447 200	10 年	5%
用途	生产用		使用部门		生产车间		已提折旧	
验收意见		合格，交付使用			验收人签章		陆新华	

财务主管：钱一凡　　制单：刘景明　　复核：高桂格

业务29-2-1

浦江市永春机械公司 收料单

编号：105

供货单位：浦江市清流机械公司　　2×23年12月17日　　仓库：原材料库

材料类别	材料编号	名称及规格	计量单位	数量		实际成本（元）			
				应收	实收	发票价格	采购费用	合计	单价
（略）	（略）	丙材料	千克	1 500	1 500	135 000		135 000	90.00
合计									

二 财务联

供销主管：卞发愁　　保管员：特认真　　记账：高桂格　　制单：艾志丹

业务提示

业务29-2-2

电子发票（增值税专用发票）

发票号码：23311000400025001257

开票日期：2×23年12月17日

全国统一发票监制章 国家税务总局 浦江市税务局

购买方信息	名称：浦江市永春机械公司 统一社会信用代码/纳税人识别号： 91310040213456070M	销售方信息	名称：浦江市清流机械公司 统一社会信用代码/纳税人识别号： 91310206315553200A

项目名称	规格型号	单位	数量	单价	金额	税率	税额
*黑色金属压延品*丙材料		千克	1 500	90.00	135 000.00	13%	17 550.00
合计					¥135 000.00		¥17 550.00
价税合计（大写）	⊗壹拾伍万贰仟伍佰伍拾元整				（小写）¥152 550.00		
备注	与对方商妥，款项于下月支付。						

开票人：李有财

业务30

浦江市永春机械公司 产品入库单

仓库：成品库

交库单位：生产车间　　2×23年12月17日　　编号：302

产品编号	规格	产品名称	计量单位	数量		单位成本	总成本	备注
				送检	实收			
（略）	（略）	A产品	台	150	150			完工入库
		B产品	台	200	200			

二 财务联

车间主管：高安全　　保管员：甄仔细　　记账：高桂格　　制单：严尧秋

业务提示

业务31-2-1

浦江市永春机械公司 产品出库单

仓库：成品库

购买方：广州市宏图机械公司　　2×23年12月19日　　编号：403

产品编号	规格	产品名称	计量单位	数量		单位成本	金额	备注
				应发	实发			
（略）	（略）	A产品	台	50	50			货物由对方自提
		B产品	台	50	50			

二 财务联

供销主管：卞发愁　保管员：甄仔细　记账：高桂格　制单：严尧秋

业务提示

业务31-2-2

电子发票（增值税专用发票）

发票号码：23311005000034001472

开票日期：2×23年12月19日

购买方信息		销售方信息	
名称：广州市宏图机械公司		名称：浦江市永春机械公司	
统一社会信用代码/纳税人识别号：91510320310024838A		统一社会信用代码/纳税人识别号：91310040213456070A	

项目名称	规格型号	单位	数量	单价	金额	税率	税额
*全数机床*A产品		台	50	6 000.00	300 000.00	13%	39 000.00
*全数机床*B产品		台	50	4 000.00	200 000.00	13%	26 000.00
合　计					¥500 000.00		¥65 000.00
价税合计（大写）	⊗伍拾陆万伍仟元整					（小写）	¥565 000.00
备注							

开票人：刘富民

业务32-4-1

浦江市永春机械公司 报账（付款）审批单

部门：供销科　　2×23年12月19日

经手人	鲍巩英	事由	购材料签发商业承兑汇票
项目名称	金额（元）	付款（结算）方式	备注
应付票据	200 010.00	商业承兑汇票	广州市秋林机械公司送货，运费由销货方负担
合　计	200 010.00		
单位负责人审批 同意。 李永春	财务主管 同意。 钱一凡	部门领导 同意。 卞发愁	出纳员 张理财

附单据2张

业务提示

业务 32-4-2

浦江市永春机械公司　收料单

编号：106

供货单位：广州市秋林机械公司　　2×23年12月19日　　仓库：原材库

材料类别	材料编号	名称及规格	计量单位	数量		实际成本（元）			
				应收	实收	发票价格	采购费用	合计	单价
（略）	（略）	乙材料	千克	3 000	3 000	177 000		177 000	59.00
合　计									

二 财务联

供销主管：卜发愁　　保管员：特认真　　记账：高桂格　　制单：艾志丹

业务 32-4-3

电子发票（增值税专用发票）

发票号码：23511000700039002588

开票日期：2×23年12月16日

（印章：全国统一发票监制章 国家税务总局 广东省税务局）

购买方信息	销售方信息
名称：浦江市永春机械公司 统一社会信用代码/纳税人识别号： 91310040213456070M	名称：广州市秋林机械公司 统一社会信用代码/纳税人识别号： 91510206316453201A

项目名称	规格型号	单位	数量	单价	金额	税率	税额
*黑色金属压延品*乙材料		千克	3 000	59.00	177 000.00	13%	23 010.00
合　计					¥177 000.00		¥23 010.00
价税合计（大写）	⊗贰拾万零壹拾元整				（小写）¥200 010.00		
备注							

开票人：刘大科

业务 32-4-4

商业承兑汇票（卡片）　1

出票日期（大写）贰×贰叁年壹拾贰月壹拾玖日　　00800386

付款人	全称	浦江市永春机械公司	收款人	全称	广州市秋林机械公司
	账号	230045006		账号	382246790
	开户银行	中国工商银行浦江市支行		开户银行	中国工商银行天明路办事处
出票金额	人民币（大写）	贰拾万零壹拾元整		亿千百十万千百十元角分	¥20001000
汇票到期日（大写）	贰×贰肆年零陆月壹拾玖日		付款人开户行	行号	105603000606
交易合同号码				地址	浦江市建设路180号
	出票人签章（印章：李永春印）		备注：		

（印章：浦江市永春机械公司 财务专用章）

此联由承兑人存查

业务 33-3-1

浦江市永春机械公司 产品出库单

仓库：成品库

购买方：兰州市明远机械公司　　2×23年12月19日　　编号：404

产品编号	规格	产品名称	计量单位	数量 应发	数量 实发	单位成本	金额	备注
（略）	（略）	A产品	台	50	50			对外销售
		B产品	台	50	50			

二 财务联

业务提示

供销主管：卜发愁　保管员：甄仔细　记账：高桂格　制单：严尧秋

业务 33-3-2

电子发票（增值税专用发票）

发票号码：23311006000046001281

开票日期：2×23年12月19日

购买方信息　名称：兰州市明远机械公司 统一社会信用代码/纳税人识别号： 91620120314956840A	销售方信息　名称：浦江市永春机械公司 统一社会信用代码/纳税人识别号： 91310040213456070A

项目名称	规格型号	单位	数量	单价	金额	税率	税额
*全数机床*A产品		台	50	6 000.00	300 000.00	13%	39 000.00
*全数机床*B产品		台	50	4 000.00	200 000.00	13%	26 000.00
合　计					¥500 000.00		¥65 000.00
价税合计（大写）	⊗伍拾陆万伍仟元整				（小写）¥565 000.00		
备注							

开票人：刘富民

业务 33-3-3

商业承兑汇票　2

出票日期（大写）：贰×贰叁年壹拾贰月壹拾玖日　　00800394

付款人	全　称	兰州市明远机械公司	收款人	全　称	浦江市永春机械公司
	账　号	680586004		账　号	230045006
	开户行	中国工商银行兰州市分行		开户行	中国工商银行浦江市支行
出票金额	人民币（大写）	伍拾陆万伍仟元整	亿 千 百 十 万 千 百 十 元 角 分		¥ 5 6 5 0 0 0 0 0
汇票到期日（大写）		贰×贰肆年零肆月壹拾玖日	付款人开户行	行号	380011457
交易合同号码				地址	兰州市明星路388号
本汇票已经承兑，到期无条件付款。 承兑人签章 承兑日期：2×23年12月19日			本汇票请予以承兑，并于到期日付款。 出票人签章		

此联持票人开户行随托收凭证寄付款人开户行作借方凭证附件

复印件与原件核对一致

业务 34-3-1

浦江市永春机械公司　报账（付款）审批单

部门：供销科　　　　2×23年12月19日

经手人	鲍巩英	事由	购料冲销预付货款
项目名称	金额（元）	付款（结算）方式	备注
采购材料	452 000.00	冲销预付账款	上月已预付货款 450 000 元，实际结算 452 000 元，不足款项 2 000 元留待下次结算
合　计	452 000.00		
单位负责人审批 同意。 李永春	财务主管 同意。 钱一凡	同意。 卜发愁	出纳员

附单据 2 张

业务提示

业务 34-3-2

电子发票（增值税专用发票）

发票号码：23421000200036085211
开票日期：2×23年12月16日

购买方信息	名称：浦江市永春机械公司 统一社会信用代码/纳税人识别号： 91310040213456070M	销售方信息	名称：武汉市远程机械公司 统一社会信用代码/纳税人识别号： 91420106316454856A

项目名称	规格型号	单位	数量	单价	金额	税率	税额
*黑色金属压延品*甲材料		千克	4 000	100.00	400 000.00	13%	52 000.00
合　计					¥400 000.00		¥52 000.00
价税合计（大写）	⊗肆拾伍万贰仟元整				（小写）¥452 000.00		
备注							

开票人：孙大光

（印章：全国统一发票监制章 国家税务总局 湖北省税务局）
（印章：冲销预付账款）

业务 34-3-3

浦江市永春机械公司　收料单

编号：107
供货单位：武汉市远程机械公司　　2×23年12月19日　　仓库：原料库

材料类别	材料编号	名称及规格	计量单位	数量		实际成本（元）			
				应收	实收	发票价格	采购费用	合计	单价
（略）	（略）	甲材料	千克	4 000	4 000	400 000		400 000	100.00
合　计									

二　财务联

供销主管：卜发愁　　保管员：特认真　　记账：高桂格　　制单：艾志丹

业务 35-2-1

浦江市永春机械公司 报账（付款）审批单

部门：财务科　　　　2×23年12月19日

经手人	甄紫曦	事由	偿还前欠浦江市鸿运机械公司货款
项目名称	金额（元）	付款（结算）方式	备注
应付账款	153 850.00	网银	
合　计	153 850.00		
单位负责人审批	财务主管	部门领导	出纳员
同意。 李永春	同意。 钱一凡		张理财

附单据 0 张

业务提示

业务 35-2-2

ICBC 中国工商银行　业务回单（付款）

日期：2×23年12月19日　　回单编号：18008008125

付款人户名：浦江市永春机械公司　　付款人开户行：中国工商银行浦江市支行
付款人账号（卡号）：230045006
收款人户名：浦江市鸿运机械公司　　收款人开户行：中国工商银行浦江市支行
收款人账号（卡号）：560046120
金额：壹拾伍万叁仟捌佰伍拾元整　　小写：153 850.00 元
业务（产品）种类：结算业务凭证　　凭证种类：000000000　　凭证号码：000000000000000000
摘要：支付前欠货款　　用途：转账　　币种：人民币
交易机构：04100000292　　记账柜员：03741　　交易代码：02108　　渠道：柜面
产品名称　　费用名称
应付金额：153 850.00 元　　实付金额：153 850.00 元　　收费渠道：其他
本回单为第一次打印，注意重复　　打印日期：2×23年12月19日　　打印柜员：8　　验证码：DA30470EF459

中国工商银行浦江市支行 业务专用章 (1)

业务 36

ICBC 中国工商银行　计收借款利息单（付款通知）

委托日期 2×23年12月21日　　借据号 9821201228011501

客户号	3001356088	结算账号	230045006	单位名称	浦江市永春机械公司		
计息类型	经营周转借款	计息起讫日期	2×23.09.21至2×23.12.20				
正常本金/积数	144 000 000.00	利率	0.5%/月	利息	24 000.00		
逾期本金/积数		利率		利息			
欠息/积数		利率		利息			
利息金额合计	人民币（大写）贰万肆仟元整　¥24 000.00						

客户联

银行盖章：　　复核：李文

中国工商银行浦江市支行 2×23年12月21日 转讫

业务提示

业务 37

ICBC 中国工商银行　计付存款利息单（收账通知）

委托日期 2×23年12月21日

客户号	3001356088	结算账号	230045006	单位名称	浦江市永春机械公司
计息类型	活期存款	计息起讫日期	2×23.09.21 至 2×23.12.20		
正常本金/积数	240 000 000.00	利率	0.3%/年	利息	2 000.00
逾期本金/积数		利率		利息	
欠息/积数		利率		利息	
利息金额合计	人民币（大写）贰仟元整	¥2 000.00			

客户联

银行盖章：中国工商银行浦江市支行 2×23年12月21日 转讫　　复核：李文

业务提示

业务 38-2-1

浦江市永春机械公司　产品出库单

购买方：昆明市锦华机械公司　　2×23年12月23日　　仓库：成品库　编号：405

产品编号	规格	产品名称	计量单位	数量 应发	数量 实发	单位成本	金额	备注
（略）	（略）	A产品	台	100	100			货物由对方自提
		B产品	台	150	150			

二 财务联

供销主管：卜发愁　保管员：甄仔细　记账：高桂格　制单：严尧秋

业务提示

业务 38-2-2

电子发票（增值税专用发票）

发票号码：23311000900034081269
开票日期：2×23年12月23日

全国统一发票监制章 国家税务总局 浦江市税务局

购买方信息
名称：昆明市锦华机械公司
统一社会信用代码/纳税人识别号：91650120314953538A

销售方信息
名称：浦江市永春机械公司
统一社会信用代码/纳税人识别号：91310040213456070M

项目名称	规格型号	单位	数量	单价	金额	税率	税额
*全数机床*A产品		台	100	6 000.00	600 000.00	13%	78 000.00
*全数机床*B产品		台	150	4 000.00	600 000.00	13%	78 000.00
合计					¥1 200 000.00		¥156 000.00

货款未收

价税合计（大写）⊗壹佰叁拾伍万陆仟元整　（小写）¥1 356 000.00

备注：合同规定货物由购买方自提，双方协商款项于下月支付。

开票人：刘富民

业务39

ICBC 中国工商银行 现金支票存根

支票号码20103121

附加信息

出票日期：2×23年12月23日

收款人：	浦江市永春机械公司
金额：	6 000.00
用途：	提现备用

单位主管：李永春　　会计：高桂格

（印章：浦江市永春机械公司 财务专用章）

业务提示

业务40

借款单

2×23年12月23日

借款单位：供销科		
借款理由：参加会议		
借款金额：人民币（大写）陆仟元整		¥6 000.00
本部门负责人意见：同意。卜发愁	借款人签字：鲍玑英	
会计主管审批：同意。钱一凡	付款方式：库存现金	出纳：张理财

（印章：现金收讫）

业务提示

业务41-3-1

浦江市永春机械公司 领料单

领料单位：生产车间　　2×23年12月23日　　编号：208　仓库：原料库

材料类别	材料编号	名称及规格	计量单位	数量		单价	金额	领料用途
				请领	实发			
（略）	（略）	甲材料	千克	2 085	2 085			生产A产品
		乙材料	千克	750	750			
		丙材料	千克	500	500			

二 财务联

车间主管：高安全　　保管员：特认真　　记账：高桂格　　制单：艾志丹

业务提示

业务41-3-2

浦江市永春机械公司 领料单

领料单位：生产车间　　2×23年12月23日　　编号：209　仓库：原料库

材料类别	材料编号	名称及规格	计量单位	数量		单价	金额	领料用途
				请领	实发			
（略）	（略）	甲材料	千克	750	750			生产B产品
		乙材料	千克	1 500	1 500			

二 财务联

车间主管：高安全　保管员：特认真　记账：高桂格　制单：艾志丹

业务41-3-3

浦江市永春机械公司 领料单

领料单位：供销科　　2×23年12月23日　　编号：210　仓库：原料库

材料类别	材料编号	名称及规格	计量单位	数量		单价	金额	领料用途
				请领	实发			
（略）	（略）	丙材料	千克	750	750			产品销售包装

二 财务联

车间主管：高安全　保管员：特认真　记账：高桂格　制单：艾志丹

业务42

ICBC 中国工商银行　托收凭证（收账通知）　4

委托日期2×23年12月21日　　付款期限2×23年12月23日

业务类型	委托收款（☑邮划、□电划）			托收承付（□邮划、□电划）		
付款人 全称	兰州市明远机械公司			收款人 全称	浦江市永春机械公司	
付款人 账号	680586004			收款人 账号	230045006	
付款人 地址	甘肃省兰州市/县	开户行	工行兰分	收款人 地址	省浦江市/县	开户行 工行浦支
金额 人民币（大写）	柒拾捌万伍仟元整			亿 千 百 十 万 千 百 十 元 角 分	¥ 7 8 5 0 0 0 0 0	
款项内容	货款	托收凭据名称	商业承兑汇票	附寄单证张数	1	
商品发运情况				合同名称号码		

备注：该商业承兑汇票到期日为2×23年12月23日

复核　　记账

上列款项已划回收入你方账户内。

（印章：中国工商银行浦江市支行 2×23年12月23日 转讫）

收款人开户银行签章
2×23年12月23日

此联付款人开户行凭以汇款或收款人开户银行作收账通知

业务提示

业务 43

ICBC 中国工商银行 业务回单（收款）

日期：2×23年12月25日　　回单编号：18008001024

付款人户名：广州市新强机械公司	付款人开户行：中国建设银行广州市分行
付款人账号（卡号）：580006004	
收款人户名：浦江市永春机械公司	收款人开户行：中国工商银行浦江市支行
收款人账号（卡号）：230045006	
金额：壹拾柒万伍仟元整	小写：175 000.00 元
业务（产品）种类：结算业务凭证　凭证种类：000000000	凭证号码：00000000000000000
摘要：新强机械公司预付货款　用途：转账	币种：人民币
交易机构：04100000294　记账柜员：03744	交易代码：02108　渠道：柜面
产品名称　费用名称	
应付金额：175 000.00 元　实付金额：175 000.00 元	收费渠道：其他
本回单为第一次打印，注意重复　打印日期：2×23年12月25日	打印柜员：8　验证码：DA25680EF036

中国工商银行浦江市支行 业务专用章 (1)

业务提示

业务 44-3-1

浦江市永春机械公司 报账（付款）审批单

部门：供销科　　2×23年12月25日

经手人	鲍巩英	事由	支付产品销售运费
项目名称	金额（元）	付款（结算）方式	备注
销售费用	86 328.00	网银	集中结算本月销售运费
合　计	86 328.00		
单位负责人审批 同意。 李永春	财务主管 同意。 钱一凡	部门领导 同意。 卞发愁	出纳员 张理财

附单据 1 张

业务提示

业务 44-3-2

电子发票（增值税专用发票）

发票号码：23311000007038004225

开票日期：2×23年12月25日

货物运输服务

全国统一发票监制章 国家税务总局 浦江市税务局

购买方信息	名称：浦江市永春机械公司 统一社会信用代码/纳税人识别号： 91310040213456070M	销售方信息	名称：浦江市顺风物流公司 统一社会信用代码/纳税人识别号： 91310206382224857A

项目名称	单位	数量	单价	金额	税率/征收率	税额
*陆路运输*其他陆路运输	吨公里	95 250	0.83	79 200.00	9%	7 128.00
合　计				¥79 200.00		¥7 128.00

运输工具种类	运输工具牌号	起运地	到达地	运输货物名称
大卡车	浦 A48001	浦江市建设路	昆明市航空路	A 产品、B 产品

价税合计（大写）　ⓧ捌万陆仟叁佰贰拾捌元整　（小写）¥86 328.00

备注

开票人：刘财富

业务 44-3-3

ICBC 中国工商银行 业务回单（付款）

日期：2×23 年 12 月 25 日　　回单编号：18008009023

付款人户名：浦江市永春机械公司		付款人开户行：中国工商银行浦江市支行
付款人账号（卡号）：230045005		
收款人户名：浦江市顺风物流公司		收款人开户行：中国工商银行奉化街办事处
收款人账号（卡号）：382200798		
金额：捌万陆仟叁佰贰拾捌元整		小写：86 328.00 元
业务（产品）种类：结算业务凭证	凭证种类：000000000	凭证号码：000000000000000000
摘要：支付产品销售运费	用途：转账	币种：人民币
交易机构：04100000292	记账柜员：03741	交易代码：02108　渠道：柜面
产品名称	费用名称	
应付金额：86 328.00 元	实付金额：86 328.00 元	收费渠道：其他
本回单为第一次打印，注意重复	打印日期：2×23 年 12 月 25 日	打印柜员：8　验证码：DA18730EF343

（印章：中国工商银行浦江市支行 业务专用章（1））

业务 45

浦江市永春机械公司　产品入库单

交库单位：生产车间　　2×23年12月25日　　仓库：成品库　编号：303

材料编号	规格	产品名称	计量单位	数量		单位成本	总成本	备注
				送检	实收			
（略）	（略）	A产品	台	100	100			完工入库
		B产品	台	100	100			

二 财务联

车间主管：高安全　　保管员：甄仔细　　记账：高桂格　　制单：严尧秋

业务提示

业务 46-3-1

浦江市永春机械公司　报账（付款）审批单

部门：供销科　　2×23年12月27日

经手人	鲍巩英	事由	支付购进甲材料款
项目名称	金额（元）	付款（结算）方式	备注
材料采购	248 600.00	网银	合同规定运费由对方负担，材料尚在运输途中
合　计	248 600.00		
单位负责人审批 同意。 李永春	财务主管 同意。 钱一凡	部门领导 同意。 卞发愁	出纳员 张理财

附单据 1 张

业务提示

业务46-3-2

电子发票（增值税专用发票）

发票号码：23511003000036004711

开票日期：2×23年12月25日

购买方信息	销售方信息
名称：浦江市永春机械公司 统一社会信用代码/纳税人识别号： 91310040213456070M	名称：广州市望海机械公司 统一社会信用代码/纳税人识别号： 91510035918338380A

项目名称	规格型号	单位	数量	单价	金额	税率	税额
*黑色金属压延品*甲材料		千克	2 200	100.00	220 000.00	13%	28 600.00
合　计					¥220 000.00		¥28 600.00
价税合计（大写）	⊗贰拾肆万捌仟陆佰元整				（小写）¥248 600.00		
备注							

开票人：王天明

业务46-3-3

ICBC 中国工商银行　业务回单（付款）

日期：2×23年12月27日　　回单编号：18008011025

付款人户名：浦江市永春机械公司　　付款人开户行：中国工商银行浦江市支行

付款人账号（卡号）：230045006

收款人户名：广州市望海机械公司　　收款人开户行：中国建设银行迎泽路办事处

收款人账号（卡号）：400058223

金额：贰拾肆万捌仟陆佰元整　　小写：248 600.00元

业务（产品）种类：结算业务凭证　　凭证种类：000000000　　凭证号码：000000000000000000

摘要：支付货款　　用途：转账　　币种：人民币

交易机构：04100000292　　记账柜员：03741　　交易代码：02108　　渠道：柜面

产品名称　　费用名称

应付金额：248 600.00元　　实付金额：248 600.00元　　收费渠道：其他

本回单为第一次打印，注意重复　　打印日期：2×23年12月27日　　打印柜员：8　　验证码：DA19872EF783

业务47

中华人民共和国 印花税票销售凭证

（2×23）浦税印 70756441

填发日期：2×23年12月27日

购买单位	浦江市永春机械公司		购买人	张理财	
购买印花税票					
面值种类	数量	金额	面值种类	数量	金额
壹角票	10	1.00	伍元票	2	10.00
伍角票	10	5.00	拾元票	2	20.00
壹元票	14	14.00	伍拾元票	1	50.00
			壹佰元票	1	100.00
			总计	40	200.00
金额合计	人民币（大写）贰佰元整				
销售单位（盖章）		售票人（章）	备注		

第二联 购买单位记账凭证

（印花税票应贴于账簿扉页的右上角并划斜线注销）

业务提示

业务 48-3-1

浦江市永春机械公司 报账（付款）审批单

部门：供销科

2×23年12月29日

经手人	鲍巩英	事由	销售产品，冲销预收账款
项目名称	金额（元）	付款（结算）方式	备注
产品销售	779 700.00	冲销预收账款	上月已预收 750 000 元，余款 29 700 元留待下次结算
合 计	779 700.00		
单位负责人审批 同意。 李永春	财务主管 同意。 钱一凡	部门领导 同意。 卜发愁	出纳员 张理财

附单据 1 张

业务提示

业务 48-3-2

电子发票（增值税专用发票）

发票号码：23311000900034080287

开票日期：2×23年12月25日

冲销预收账款

购买方信息	名称：浦江市通宝机械公司 统一社会信用代码/纳税人识别号： 91310320314954649A			销售方信息	名称：浦江市永春机械公司 统一社会信用代码/纳税人识别号： 91310040213456070M		
项目名称	规格型号	单位	数量	单价	金额	税率	税额
*全数机床*A 产品		台	75	6 000.00	450 000.00	13%	58 500.00
*全数机床*B 产品		台	60	4 000.00	240 000.00	13%	31 200.00
合 计					¥690 000.00		¥89 700.00
价税合计（大写）	⊗柒拾柒万玖仟柒佰元整				（小写）¥779 700.00		
备注	合同规定货物由购买方自提，全部款项冲销预收账款。						

开票人：刘富民

业务 48-3-3

浦江市永春机械公司 产品出库单

仓库：成品库

购买方：浦江市通宝机械公司

2×23年12月29日

编号：406

产品编号	规格	产品名称	计量单位	数量 应发	数量 实发	单位成本	金额	备注
（略）	（略）	A 产品	台	75	75			冲销预收账款方式销售
		B 产品	台	60	60			

二 财务联

供销主管：卜发愁 保管员：甄仔细 记账：高桂格 制单：严尧秋

业务49-4-1

浦江市永春机械公司 报账（付款）审批单

部门：供销科　　2×23年12月31日

经手人	鲍彩购	事由	支付12月份水费
项目名称	金额（元）	付款（结算）方式	备注
水电费	10 900.00	网银	
合　计	10 900.00		
单位负责人审批 同意。 李永春	财务主管 同意。 钱一凡	部门领导 同意。 卜发愁	出纳员 张理财

附单据2张

业务提示

业务49-4-2

电子发票（增值税专用发票）

发票号码：23311006000034881216

开票日期：2×23年12月25日

购买方信息	名称：浦江市永春机械公司 统一社会信用代码/纳税人识别号： 91310040213456070M	销售方信息	名称：浦江市供水公司 统一社会信用代码/纳税人识别号： 913106063522232ABE

项目名称	规格型号	单位	数量	单价	金额	税率	税额
*城市供水*自来水		m^3	2 000	5.00	10 000.00	9%	900.00
合　计					¥10 000.00		¥900.00
价税合计（大写）	⊗壹万零玖佰元整				（小写）¥10 900.00		
备注							

开票人：商永康

业务49-4-3

浦江市永春机械公司 水费分配表

2×23年12月31日　　金额单位：元

部门＼项目	耗用量（m^3）	单　价	金　额
生产车间	1 000	5.00	5 000.00
行政管理部门	1 000	5.00	5 000.00
合　计	2 000		10 000.00

业务49-4-4

中国工商银行　业务回单（付款）

日期：2×23年12月31日　　回单编号：18008012028

付款人户名：浦江市永春机械公司　　付款人开户行：中国工商银行浦江市支行
付款人账号（卡号）：230045006
收款人户名：浦江市供水公司　　收款人开户行：中国工商银行临港办事处
收款人账号（卡号）：384567790
金额：壹万零玖佰元整　　小写：10 900.00元
业务（产品）种类：结算业务凭证　　凭证种类：000000000　　凭证号码：000000000000000000
摘要：支付水费　　用途：转账　　币种：人民币
交易机构：04100000292　　记账柜员：03741　　交易代码：02108　　渠道：柜面
产品名称　　费用名称
应付金额：10 900.00元　　实付金额：10 900.00元　　收费渠道：其他
本回单为第一次打印，注意重复　　打印日期：2×23年12月31日　　打印柜员：8　　验证码：DA25460EF543

（印章：中国工商银行浦江市支行 业务专用章（1））

业务50-4-1

浦江市永春机械公司　报账（付款）审批单

部门：供销科　　2×23年12月31日

经手人	鲍彩购	事由	支付12月份电费
项目名称	金额（元）	付款（结算）方式	备注
水电费	134 470.00	网银	
合　计	134 470.00		
单位负责人审批 同意。 李永春	财务主管 同意。 钱一凡	部门领导 同意。 卜发愁	出纳员 张理财

附单据2张

业务提示

业务50-4-2

电子发票（增值税专用发票）

发票号码：23311006000034881216
开票日期：2×23年12月31日

（印章：全国统一发票监制章 国家税务总局 浦江市税务局）

购买方信息	名称：浦江市永春机械公司 统一社会信用代码/纳税人识别号： 91310040213456070M	销售方信息	名称：浦江市供电公司 统一社会信用代码/纳税人识别号： 913105063522NAH829

项目名称	规格型号	单位	数量	单价	金额	税率	税额
*城市供电*电		度	148 750	0.80	119 000.00	13%	15 470.00
合　计					¥119 000.00		¥15 470.00
价税合计（大写）	⊗壹拾叁万肆仟肆佰柒拾元整					（小写）	¥134 470.00
备注							

开票人：张国定

业务50-4-3

浦江市永春机械公司 电费分配表

2×23年12月31日 金额单位：元

项目 / 部门	耗用量（度）	单 价	金 额
生产车间	100 000	0.80	80 000.00
行政管理部门	48 750	0.80	39 000.00
合 计	148 750		119 000.00

业务50-4-4

ICBC 中国工商银行 业务回单（付款）

日期：2×23年12月31日 回单编号：18008022027

付款人户名：浦江市永春机械公司		付款人开户行：中国工商银行浦江市支行
付款人账号（卡号）：230045006		
收款人户名：浦江市供电公司		收款人开户行：中国工商银行南大办事处
收款人账号（卡号）：230030487		
金额：壹拾叁万肆仟肆佰柒拾元整		小写：134 470.00元
业务（产品）种类：结算业务凭证	凭证种类：000000000	凭证号码：0000000000000000
摘要：支付电费	用途：转账	币种：人民币
交易机构：04100000292	记账柜员：03741	交易代码：02108 渠道：柜面
产品名称	费用名称	
应付金额：134 470.00元	实付金额：134 470.00元	收费渠道：其他
本回单为第一次打印，注意重复	打印日期：2×23年12月31日	打印柜员：8 验证码：DA18960EF157

（印章：中国工商银行浦江市支行 业务专用章（1））

业务51

ICBC 中国工商银行 还款凭证

2×23年12月31日

银行打印	（略）					
客户填写	付款人（还款人）	姓 名	浦江市永春机械公司	收款人	姓 名	浦江市永春机械公司
		还款账号	230045006		收款账号	
		开 户 行	中国工商银行浦江市支行		开 户 行	
	贷款账号			贷款种类		
	合同编号			借据序号		
	还款方式	按金额☑ 按期数☐		还款期数		
	还款金额	人民币（大写）	壹拾伍万元整	千 百 十 万 千 百 十 元 角 分	¥ 1 5 0 0 0 0 0 0	
	还款类型	提前还款☐ 归还逾期☐ 归还当期利息☐ 违约金☐				
	其中：提前还款	一次性还清☐ 提前部分还款☐ 贷款转出结清☐ 归还当期本息☐				
	提前还款后选择	还款期内仍继续扣款☐ 还款期内不再扣款☐ 缩短还款期☐				
	备注：		客户签字：			

（印章：中国工商银行浦江市支行 2×23年12月31日 转讫）

第二联 归还本金

业务提示

业务 52-3-1

浦江市永春机械公司 报账（付款）审批单

部门：供销科　　　　2×23年12月31日

经手人	鲍巩英	事由	预付购货款
项目名称	金额（元）	付款（结算）方式	备注
预付账款	200 000.00	转账支票	预付广州市希望机械公司购货款
合　计	200 000.00		
单位负责人审批 同意。 李永春	财务主管 同意。 钱一凡	部门领导 同意。 卜发愁	出纳员 张理财

附单据 2 张

业务提示

业务 52-3-2

ICBC 中国工商银行 电汇凭证 （回 单） 1

☐普通　☑加急　　　委托日期2×23年12月31日　　　第1号

汇款人	全　称	浦江市永春机械公司	收款人	全　称	广州市希望机械公司
	账　号	230045006		账　号	400058116
	汇出地点	省浦江市/县		汇入地点	广东省广州市/县
汇出行名称		中国工商银行浦江市支行	汇入行名称		中国工商银行天明路办事处

金额	人民币（大写）	贰拾万元整	亿	千	百	十	万	千	百	十	元	角	分
					¥	2	0	0	0	0	0	0	0

支付密码

附加信息及用途：预付购货款。

汇出行签章　2023年12月31日

复核：　　记账：

中国工商银行浦江市支行 2×23年12月31日 转讫

此联汇出行给汇款人的回单

业务 52-3-3

ICBC 中国工商银行邮、电手续费收费凭证（借方凭证）①

委托日期：2×23年12月31日　　　No.2673

缴款人名称	浦江市永春机械公司	信（电）汇 1 笔　汇票　笔　其他　笔
账　号	230045006	异托、委托　笔　支票　本　专用托收　笔

邮费金额					电报费金额					手续费金额					合计金额						签　章
百	十	元	角	分	百	十	元	角	分	百	十	元	角	分	千	百	十	元	角	分	
										1	0	0	0	0	¥	1	0	0	0	0	
合计金额					人民币（大写）：壹佰元整																

中国工商银行浦江市支行 2×23年12月31日 转讫

复核：　　收款：王玉芳　　制单：

第五章　成本计算与期末会计事项的账务处理

（1）成本计算，是指按成本计算对象并分成本项目，进行生产费用的归集和分配，并在此基础上计算产品成本，包括：材费费用、工薪费用、水电费用、折旧费用和制造费用的归集与分配，以及将生产费用在完工产品和在产品之间进行分配，计算并结转完工产品成本。

（2）期末会计事项，是指按照应计制的要求，对有关收入和费用进行账项调整，包括：❶已销产品成本的计算与结转；❷有关税费的计算与结转；❸短期借款利息费用的计提与结转；❹无形资产摊销的计提与结转；❺为计算本年利润进行损益类账户的结转；❻所得税的年终汇算清缴与结转；❼利润分配的计算与结转；❽未分配利润的计算与结转。

（3）成本计算与期末会计事项处理的要求，包括：❶根据有关账簿记录填制原始凭证并编制记账凭证；❷根据审核无误的记账凭证登记有关明细账；❸编制第三张“科目汇总表”；❹根据第三张“科目汇总表”登记总分类账；❺对总账和明细账进行结账。

成本计算与期末会计事项的处理，见业务53—业务67所给出的原始凭证。

业务53-2-1

原材料加权平均单位成本计算表

2×23年12月31日

金额单位：元

材料名称	期初结存		本期收入		合计		加权平均单位成本
	数量	金额	数量	金额	数量	金额	
甲材料							
乙材料							
丙材料							
合　计	—		—				—

会计主管：钱一凡　　制单：刘景明　　复核：高桂格

业务提示

业务53-2-2

发料凭证汇总表

附件______张

2×23年12月31日

金额单位：元

用途	甲材料		乙材料		丙材料		金额合计
	数量	金额	数量	金额	数量	金额	
A产品生产领用							
B产品生产领用					—		
车间一般耗用			—				
销售部门领用	—		—				
合　计							1 412 000

会计主管：钱一凡　　制单：刘景明　　复核：高桂格

业务54

应付工资费用分配汇总表

2×23年12月31日　　　　单位：元

车间或部门		应付职工薪酬				合　计
		基本工资	津　贴	奖　金	其　他	
生产工人	A产品	115 000	75 000	12 000	23 000	225 000
	B产品	90 000	60 000	10 500	14 500	175 000
	小计	205 000	135 000	22 500	37 500	400 000
车间管理人员		15 000	5 000	2 500	2 500	25 000
专设销售机构人员		10 000	5 500	6 650	3 500	25 650
行政管理人员		40 000	10 000	6 500	8 500	65 000
合　计		270 000	155 500	38 150	52 000	515 650

会计主管：钱一凡　　制单：刘景明　　复核：高桂格

业务提示

业务55

固定资产折旧计算汇总表

2×23年12月31日　　　　金额单位：元

使用部门	固定资产类别	月初固定资产原值	月折旧率	月折旧额
生产车间	房屋及建筑物	2 500 000	0.4%	
	机器设备	11 500 000	0.8%	
	小计	14 000 000		
专设销售机构	房屋及建筑物	1 000 000	0.2%	
	管理用设备	500 000	0.6%	
	小计	1 500 000		
企业管理部门	房屋及建筑物	7 500 000	0.2%	
	管理用设备	1 500 000	0.6%	
	小计	9 000 000		
合　计		24 500 000		131 000

会计主管：钱一凡　　制单：刘景明　　复核：高桂格

业务提示

业务56

制造费用分配表

2×23年12月31日　　金额单位：元

车间或产品	分配标准（生产工人工资）	分配率	分配金额
A产品	225 000		
B产品	175 000		
合计	400 000	—	

会计主管：钱一凡　　制单：刘景明　　复核：高桂格

业务提示

业务57-4-1

月末在产品定额成本资料表

金额单位：元

在产品名称	计量单位	数量	直接材料		直接人工		制造费用		定额成本合计
			成本定额	定额成本	成本定额	定额成本	成本定额	定额成本	
A产品	台	10	1 200		300		250		
B产品	台	44	500		250		150		
合计									57 100

业务提示

业务57-4-2

产品成本计算单

产品名称：A产品　　2×23年12月31日　　金额单位：元

月初在产品 35 台　　本月投产 375 台　　本月完工 400 台　　月末在产品 10 台

摘要	成本项目			合计
	直接材料	直接人工	制造费用	
月初在产品定额成本				
本月生产费用				
生产费用合计				
月末在产品定额成本				
本月完工产品成本				1 128 000

会计主管：钱一凡　　制单：刘景明　　复核：高桂格

业务 57-4-3

产品成本计算单

产品名称：B产品　　2×23年12月31日　　金额单位：元

月初在产品 34 台　　本月投产 510 台　　本月完工 500 台　　月末在产品 44 台

摘　要	成本项目			合　计
	直接材料	直接人工	制造费用	
月初在产品定额成本				
本月生产费用				
生产费用合计				
月末在产品定额成本				
本月完工产品成本				815 250

会计主管：钱一凡　　制单：刘景明　　复核：高桂格

业务 57-4-4

完工产品成本汇总表

附件____张

2×23年12月31日　　金额单位：元

成本项目	A产品（______台）		B产品（______台）	
	总成本	单位成本	总成本	单位成本
直接材料				
直接人工				
制造费用				
生产成本合计	1 128 000		815 250	

会计主管：钱一凡　　制单：刘景明　　复核：高桂格

业务 58-2-1

库存商品加权平均单位成本计算表

2×23年12月31日　　金额单位：元

材料名称	期初结存		本期收入		本期销售		加权平均单位成本
	数量	金额	数量	金额	数量	金额	
A产品							
B产品							
合　计	—		—				—

业务提示

会计主管：钱一凡　　制单：刘景明　　复核：高桂格

业务 58-2-2

主营业务成本计算表

附件____张

2×23年12月31日

金额单位：元

商品名称	加权平均单位成本	本期销售数量	本期销售总成本
A产品			
B产品			
合　计			

会计主管：钱一凡　　制单：刘景明　　复核：高桂格

业务 59

应纳增值税及转出未交增值税计算表

2×23年12月31日

单位：元

项目	当期销项税额	当期进项税额	当期应纳增值税额	已交增值税	转出未交增值税
	①	②	③=①－②	④	⑤=③－④
金额					

会计主管：钱一凡　　制单：刘景明　　复核：高桂格

业务提示

业务 60

税金及附加计算表

2×23年12月31日

金额单位：元

项　目	计税依据	税（费）率	应纳税（费）额
城市维护建设税		7%	
教育费附加		3%	
地方教育附加		2%	
合　计			

会计主管：钱一凡　　制单：刘景明　　复核：高桂格

业务提示

业务 61

短期借款利息计提表

2×23年12月31日

金额单位：元

借款名称	借款金额	计息月份	借款月利率	计提金额
短期借款——工行浦支	1 750 000	12月	5‰	8 750
利　息　合　计				8 750

会计主管：钱一凡　　制单：刘景明　　复核：高桂格

业务提示

业务62

无形资产摊销计提表

2×23年12月31日　　金额单位：元

名称	入账时间	原值	摊销年限	已摊销月数	本月应摊销金额	备注
专利技术	2×19.12.31	450 000	10	48		自用
合计						

会计主管：钱一凡　　制单：刘景明　　复核：高桂格

业务提示

业务63

坏账准备计提表

2×23年12月31日　　金额单位：元

账户名称	期末账面余额	计提比例	期末"坏账准备"账户应有贷方余额	计提前"坏账准备"账户		本期应计提金额	
				借方余额	贷方余额	补提	冲销
应收账款		4%					
应收票据		0					
预付账款		0					
其他应收款		0					
合计							

会计主管：钱一凡　　制单：严尧秋　　复核：高桂格

业务提示

业务64

本月损益类账户发生额汇总表

2×23年12月31日　　单位：元

收入类账户		贷方发生额	费用类账户		借方发生额	费用类账户	借方发生额
主营业务收入	A产品		主营业务成本	A产品		管理费用	
	B产品			B产品		财务费用	
营业外收入			税金及附加			信用减值损失	
			销售费用			营业外支出	
贷方发生额合计			借方发生额合计				

会计主管：钱一凡　　制单：严尧秋　　复核：高桂格

业务提示

业务65-2-1

损益类账户全年累计发生额汇总表

（12月份预缴所得税前）

单位：元

收入类账户		贷方发生额	费用类账户		借方发生额	费用类账户	借方发生额
主营业务收入	A产品		主营业务成本	A产品		管理费用	
	B产品			B产品		财务费用	
其他业务收入	材料销售		其他业务成本	材料销售		信用减值损失	
营业外收入			税金及附加			营业外支出	
本年利润			销售费用			所得税费用	

会计主管：钱一凡　　制单：严尧秋　　复核：高桂格

业务提示

业务65-2-2

企业所得税按月（季）度预缴纳税申报表（A类）（简易）

税款所属期间：2×23年12月1日至2×23年12月31日

纳税人识别号：9 1 3 1 0 0 4 0 2 1 3 4 5 6 0 7 0 M

纳税人名称：浦江市永春机械公司

金额单位：人民币元（列至角分）

预缴方式	☑ 按照实际利润额预缴　　☐ 按照上一纳税年度应纳税所得额平均额预缴	
企业类型	☑ 一般企业　　☐ 跨地区经营汇总纳税企业总机构	
预缴税款计算		
行次	项　目	本年累计金额
1	营业收入	
2	营业成本	
3	利润总额	
4	加：特定业务计算的应纳税所得额	
5	减：弥补以前年度亏损	
6	实际利润额（3+4−5）	
7	税率（25%）	
8	应纳所得税额（6×7）	
9	减：减免所得税额	
10	减：实际已缴纳所得税额	
11	减：特定业务预缴（征）所得税额	
12	本期应补（退）所得税额（8−9−10−11）	

谨声明：此纳税申报表是根据国家税收法律及有关规定填报的，是真实的、可靠的、完整的。

纳税人（签章）：浦江市永春机械公司　　2×23年12月31日

注：本表的营业收入、营业成本项目仅填列企业发生的主营业务和其他业务，与利润总额计算无关。

业务66

可供分配利润的计算及利润分配表

2×23年度　　　　单位：元

项　　目	金　　额	项　　目	金　　额
一、本年净利润		三、本年可供分配的净利润	
减：本年应提取法定盈余公积		减：实际分配利润	
二、扣除盈余公积后的本年净利润		其中：港城投资公司（50%）	
加：年初未分配利润		海虹机械公司（50%）	

会计主管：钱一凡　　制单：严尧秋　　复核：高桂格

注：经公司董事会讨论决定，本年度实际分配利润380万元。

业务提示

业务67

净利润和已分配利润结转及未分配利润计算表

2×23年度　　　　单位：元

账户名称	结转前余额		实际结转		结转后余额	
	借方	贷方	借方	贷方	借方	贷方
本年利润	—			—	无	无
利润分配——提取法定盈余公积		—	—		无	无
利润分配——应付股利		—	—		无	无
利润分配——未分配利润	—				—	

会计主管：钱一凡　　制单：刘景明　　复核：高桂格

业务提示

第六章　编制会计报表

业务68

总分类账户发生额及余额试算平衡表

2×23年12月31日　　　　单位：元

行次	会计科目	月初余额		本月发生额		期末余额	
		借方	贷方	借方	贷方	借方	贷方
1	库存现金	2 000					
2	银行存款	4 833 350					
3	应收票据	1 320 000					
4	应收账款	1 431 250					
5	预付账款	445 000					
6	其他应收款	7 000					
7	坏账准备		19 348				
8	在途物资	44 000					
9	原材料	404 500					
10	库存商品	720 750					
11	固定资产	24 500 000					
12	累计折旧		2 950 852				
13	在建工程	150 000					
14	无形资产	450 000					
15	累计摊销		180 000				
16	短期借款		1 750 000				
17	应付票据		320 000				
18	应付账款		95 000				
19	预收账款		715 000				
20	应付职工薪酬		498 000				

业务提示

续表

行次	会计科目	月初余额		本月发生额		期末余额	
		借　方	贷　方	借　方	贷　方	借　方	贷　方
21	应交税费		357 900				
22	应付利息		15 600				
23	应付股利						
24	实收资本		22 500 000				
25	资本公积		255 000				
26	盈余公积		998 000				
27	利润分配		295 000				
28	本年利润		3 450 000				
29	生产成本	91 850					
30	制造费用						
31	主营业务收入						
32	营业外收入						
33	主营业务成本						
34	税金及附加						
35	销售费用						
36	管理费用						
37	财务费用						
38	信用减值损失						
39	营业外支出						
40	所得税费用						
合　计		34 399 700	34 399 700				

业务69

资产负债表

编制单位：（盖章） 2×23年12月31日 会企01表 单位：元

财会〔2019〕6号文

业务提示

资产	期末余额	上年年末余额	负债和所有者权益（或股东权益）	期末余额	上年年末余额
流动资产：		（略）	流动负债：		（略）
货币资金			短期借款		
交易性金融资产			交易性金融资产		
衍生金融资产			衍生金融负债		
应收票据			应付票据		
应收账款			应付账款		
预付款项			预收款项		
其他应收款			合同负债		
存货			应付职工薪酬		
合同资产			应交税费		
持有待售资产			其他应付款		
其他流动资产			持有待售负债		
一年内到期的非流动资产			一年内到期的非流动负债		
流动资产合计			其他流动负债		
非流动资产：			流动负债合计		
债权投资			非流动负债：		
其他债权投资			长期借款		
长期应收款			应付债券		
长期股权投资			长期应付款		
投资性房地产			递延所得税负债		
固定资产			非流动负债合计		
在建工程			负债合计		
无形资产			所有者权益（或股东权益）：		
开发支出			实收资本（或股本）		
商誉			其他权益工具		
长期待摊费用			资本公积		
递延所得税资产			其他综合收益		
其他非流动资产			盈余公积		
非流动资产合计			未分配利润		
			所有者权益（或股东权益）合计		
资产总计			负债和所有者权益（或股东权益）总计		

业务70

利　润　表

2×23年12月

会企02表

编制单位：（盖章）　　　　单位：元

业务提示

项　目	本期金额	本年累计金额
一、营业收入		
减：营业成本		
税金及附加		
销售费用		
管理费用		
研发费用		
财务费用		
其中：利息费用		
利息收入		
加：其他收益		
投资收益（损失以“－”号填列）		
其中：对联营企业和合营企业的投资收益		
净敞口套期收益（损失以“－”号填列）		
公允价值变动收益（损失以“－”号填列）		
信用减值损失（损失以“－”号填列）		
资产减值损失（损失以“－”号填列）		
资产处置收益（损失以“－”号填列）		
二、营业利润（亏损以“－”号填列）		
加：营业外收入		
减：营业外支出		
三、利润总额（亏损总额以“－”号填列）		
减：所得税费用		
四、净利润（净亏损以“－”号填列）		
（一）持续经营净利润（净亏损以“－”号填列）		
（二）终止经营净利润（净亏损以“－”号填列）		
五、其他综合收益的税后净额		
（一）不能重分类进损益的其他综合收益		
（二）将重分类进损益的其他综合收益		
六、综合收益总额		
七、每股收益		
（一）基本每股收益		
（二）稀释每股收益		

收　款　凭　证

总号：4
分号：收1

借方科目：银行存款　　　　2×23年 12月 1日　　　　附件 2 张

摘要	应贷科目：一级科目	应贷科目：二级及明细科目	过账	亿	千	百	十	万	千	百	十	元	角	分
现销联华机械公司产品	主营业务收入	A产品					6	0	0	0	0	0	0	0
		B产品					3	0	0	0	0	0	0	0
	应交税费	应交增值税（销项税额）					1	1	7	0	0	0	0	0
合计					¥	1	0	1	7	0	0	0	0	0

财会主管 钱一凡　　记账　　出纳　　复核　　制单

收　款　凭　证

总号：
分号：

借方科目：　　　　年　月　日　　　　附件　张

摘要	应贷科目：一级科目	应贷科目：二级及明细科目	过账	亿	千	百	十	万	千	百	十	元	角	分
合计														

财会主管　　记账　　出纳　　复核　　制单

收款凭证

总　号	
分　号	

借方科目＿＿＿＿＿＿　　　　年　　月　　日　　　　附件　　　张

摘　要	应贷科目		过账	金额										
	一级科目	二级及明细科目		亿	千	百	十	万	千	百	十	元	角	分
合　计														

财会主管　　　记账　　　出纳　　　复核　　　制单

收款凭证

总　号	
分　号	

借方科目＿＿＿＿＿＿　　　　年　　月　　日　　　　附件　　　张

摘　要	应贷科目		过账	金额										
	一级科目	二级及明细科目		亿	千	百	十	万	千	百	十	元	角	分
合　计														

财会主管　　　记账　　　出纳　　　复核　　　制单

收　款　凭　证

总　号	
分　号	

借方科目＿＿＿＿＿＿　　　　年　　月　　日　　　　附件　　　　张

摘　　要	应　贷　科　目		过账	金　　额										
	一级科目	二级及明细科目		亿	千	百	十	万	千	百	十	元	角	分
合　　计														

财会主管　　　　记账　　　　出纳　　　　复核　　　　制单

收　款　凭　证

总　号	
分　号	

借方科目＿＿＿＿＿＿　　　　年　　月　　日　　　　附件　　　　张

摘　　要	应　贷　科　目		过账	金　　额										
	一级科目	二级及明细科目		亿	千	百	十	万	千	百	十	元	角	分
合　　计														

财会主管　　　　记账　　　　出纳　　　　复核　　　　制单

收 款 凭 证

总号	
分号	

借方科目__________ 年 月 日 附件 张

摘要	应贷科目		过账	金额										
	一级科目	二级及明细科目		亿	千	百	十	万	千	百	十	元	角	分
合计														

财会主管 记账 出纳 复核 制单

收 款 凭 证

总号	
分号	

借方科目__________ 年 月 日 附件 张

摘要	应贷科目		过账	金额										
	一级科目	二级及明细科目		亿	千	百	十	万	千	百	十	元	角	分
合计														

财会主管 记账 出纳 复核 制单

总号	
分号	

收款凭证

借方科目______　　　　年　月　日　　　　附件　　张

摘要	应贷科目		过账	金额										
	一级科目	二级及明细科目		亿	千	百	十	万	千	百	十	元	角	分
合计														

财会主管　　记账　　出纳　　复核　　制单

总号	
分号	

收款凭证

借方科目______　　　　年　月　日　　　　附件　　张

摘要	应贷科目		过账	金额										
	一级科目	二级及明细科目		亿	千	百	十	万	千	百	十	元	角	分
合计														

财会主管　　记账　　出纳　　复核　　制单

付款凭证

总号	2
分号	付1

贷方科目 银行存款　　　　2×23年 12 月 1 日　　　　附件 5 张

摘要	应借科目 一级科目	应借科目 二级及明细科目	过账	亿	千	百	十	万	千	百	十	元	角	分
现购金通机械公司甲乙材料	原材料	甲材料					2	6	2	5	0	0	0	0
		乙材料					1	6	5	0	0	0	0	0
	应交税费	应交增值税（进项税额）						5	4	4	7	5	0	0
合计						¥	4	8	1	9	7	5	0	0

财会主管 钱一凡　　记账　　出纳　　复核　　制单

付款凭证

总号	
分号	

贷方科目　　　　年　月　日　　　　附件　张

摘要	应借科目 一级科目	应借科目 二级及明细科目	过账	亿	千	百	十	万	千	百	十	元	角	分
合计														

财会主管　　记账　　出纳　　复核　　制单

总号	
分号	

付款凭证

贷方科目　　　　　　　　年　月　日　　　　　　　　附件　　张

摘要	应借科目		过账	金额										
	一级科目	二级及明细科目		亿	千	百	十	万	千	百	十	元	角	分
合计														

财会主管　　记账　　出纳　　复核　　制单

总号	
分号	

付款凭证

贷方科目　　　　　　　　年　月　日　　　　　　　　附件　　张

摘要	应借科目		过账	金额										
	一级科目	二级及明细科目		亿	千	百	十	万	千	百	十	元	角	分
合计														

财会主管　　记账　　出纳　　复核　　制单

付款凭证

总号	
分号	

贷方科目________　　　　年　月　日　　　　附件　　张

摘要	应借科目		过账	金额										
	一级科目	二级及明细科目		亿	千	百	十	万	千	百	十	元	角	分
合计														

财会主管　　记账　　出纳　　复核　　制单

付款凭证

总号	
分号	

贷方科目________　　　　年　月　日　　　　附件　　张

摘要	应借科目		过账	金额										
	一级科目	二级及明细科目		亿	千	百	十	万	千	百	十	元	角	分
合计														

财会主管　　记账　　出纳　　复核　　制单

付 款 凭 证

总号	
分号	

贷方科目______ 年 月 日 附件 张

摘要	应借科目		过账	金额										
	一级科目	二级及明细科目		亿	千	百	十	万	千	百	十	元	角	分
合计														

财会主管 记账 出纳 复核 制单

付 款 凭 证

总号	
分号	

贷方科目______ 年 月 日 附件 张

摘要	应借科目		过账	金额										
	一级科目	二级及明细科目		亿	千	百	十	万	千	百	十	元	角	分
合计														

财会主管 记账 出纳 复核 制单

总号	
分号	

付款凭证

贷方科目________　　　　年　月　日　　　　附件　　张

摘要	应借科目		过账	金额										
	一级科目	二级及明细科目		亿	千	百	十	万	千	百	十	元	角	分
合计														

财会主管　　记账　　出纳　　复核　　制单

总号	
分号	

付款凭证

贷方科目________　　　　年　月　日　　　　附件　　张

摘要	应借科目		过账	金额										
	一级科目	二级及明细科目		亿	千	百	十	万	千	百	十	元	角	分
合计														

财会主管　　记账　　出纳　　复核　　制单

总号	
分号	

付款凭证

贷方科目________　　年　月　日　　附件　　张

摘要	应借科目		过账	金额										
	一级科目	二级及明细科目		亿	千	百	十	万	千	百	十	元	角	分
合计														

财会主管　　记账　　出纳　　复核　　制单

总号	
分号	

付款凭证

贷方科目________　　年　月　日　　附件　　张

摘要	应借科目		过账	金额										
	一级科目	二级及明细科目		亿	千	百	十	万	千	百	十	元	角	分
合计														

财会主管　　记账　　出纳　　复核　　制单

总号	
分号	

付款凭证

贷方科目________　　　　年　月　日　　　　附件　　张

摘要	应借科目		过账	金额										
	一级科目	二级及明细科目		亿	千	百	十	万	千	百	十	元	角	分
合计														

财会主管　　记账　　出纳　　复核　　制单

总号	
分号	

付款凭证

贷方科目________　　　　年　月　日　　　　附件　　张

摘要	应借科目		过账	金额										
	一级科目	二级及明细科目		亿	千	百	十	万	千	百	十	元	角	分
合计														

财会主管　　记账　　出纳　　复核　　制单

付 款 凭 证

总号	
分号	

贷方科目________　　　　年　　月　　日　　　　附件　　　张

摘要	应借科目		过账	金额										
	一级科目	二级及明细科目		亿	千	百	十	万	千	百	十	元	角	分
合计														

财会主管　　　记账　　　出纳　　　复核　　　制单

付 款 凭 证

总号	
分号	

贷方科目________　　　　年　　月　　日　　　　附件　　　张

摘要	应借科目		过账	金额										
	一级科目	二级及明细科目		亿	千	百	十	万	千	百	十	元	角	分
合计														

财会主管　　　记账　　　出纳　　　复核　　　制单

付　款　凭　证

总　号	
分　号	

贷方科目 ________　　　　年　　月　　日　　　　附件　　　　张

摘　要	应　借　科　目		过账	金　额										
	一级科目	二级及明细科目		亿	千	百	十	万	千	百	十	元	角	分
合　计														

财会主管　　　　记账　　　　出纳　　　　复核　　　　制单

付　款　凭　证

总　号	
分　号	

贷方科目 ________　　　　年　　月　　日　　　　附件　　　　张

摘　要	应　借　科　目		过账	金　额										
	一级科目	二级及明细科目		亿	千	百	十	万	千	百	十	元	角	分
合　计														

财会主管　　　　记账　　　　出纳　　　　复核　　　　制单

付款凭证

总号	
分号	

贷方科目________　　年　月　日　　附件　　张

摘要	应借科目		过账	金额										
	一级科目	二级及明细科目		亿	千	百	十	万	千	百	十	元	角	分
合计														

财会主管　　记账　　出纳　　复核　　制单

付款凭证

总号	
分号	

贷方科目________　　年　月　日　　附件　　张

摘要	应借科目		过账	金额										
	一级科目	二级及明细科目		亿	千	百	十	万	千	百	十	元	角	分
合计														

财会主管　　记账　　出纳　　复核　　制单

付 款 凭 证

总号	
分号	

贷方科目________　　年　月　日　　附件　　张

摘要	应借科目		过账	金额										
	一级科目	二级及明细科目		亿	千	百	十	万	千	百	十	元	角	分
合计														

财会主管　　记账　　出纳　　复核　　制单

付 款 凭 证

总号	
分号	

贷方科目________　　年　月　日　　附件　　张

摘要	应借科目		过账	金额										
	一级科目	二级及明细科目		亿	千	百	十	万	千	百	十	元	角	分
合计														

财会主管　　记账　　出纳　　复核　　制单

付 款 凭 证

总号	
分号	

贷方科目______　　年　月　日　　附件　　张

摘要	应借科目		过账	金额										
	一级科目	二级及明细科目		亿	千	百	十	万	千	百	十	元	角	分
合计														

财会主管　　记账　　出纳　　复核　　制单

付 款 凭 证

总号	
分号	

贷方科目______　　年　月　日　　附件　　张

摘要	应借科目		过账	金额										
	一级科目	二级及明细科目		亿	千	百	十	万	千	百	十	元	角	分
合计														

财会主管　　记账　　出纳　　复核　　制单

总号	
分号	

付款凭证

贷方科目______　　　年　月　日　　　附件　　张

摘要	应借科目		过账	金额										
	一级科目	二级及明细科目		亿	千	百	十	万	千	百	十	元	角	分
合计														

财会主管　　记账　　出纳　　复核　　制单

总号	
分号	

付款凭证

贷方科目______　　　年　月　日　　　附件　　张

摘要	应借科目		过账	金额										
	一级科目	二级及明细科目		亿	千	百	十	万	千	百	十	元	角	分
合计														

财会主管　　记账　　出纳　　复核　　制单

总号	
分号	

付款凭证

贷方科目__________　　　　年　　月　　日　　　　附件　　　张

摘要	应借科目		过账	金额										
	一级科目	二级及明细科目		亿	千	百	十	万	千	百	十	元	角	分
合计														

财会主管　　　记账　　　出纳　　　复核　　　制单

总号	
分号	

付款凭证

贷方科目__________　　　　年　　月　　日　　　　附件　　　张

摘要	应借科目		过账	金额										
	一级科目	二级及明细科目		亿	千	百	十	万	千	百	十	元	角	分
合计														

财会主管　　　记账　　　出纳　　　复核　　　制单

付　款　凭　证

总　号	
分　号	

贷方科目＿＿＿＿　　　　年　　月　　日　　　　附件　　　　张

摘　要	应借科目		过账	金额										
	一级科目	二级及明细科目		亿	千	百	十	万	千	百	十	元	角	分
合　计														

财会主管　　　记账　　　出纳　　　复核　　　制单

付　款　凭　证

总　号	
分　号	

贷方科目＿＿＿＿　　　　年　　月　　日　　　　附件　　　　张

摘　要	应借科目		过账	金额										
	一级科目	二级及明细科目		亿	千	百	十	万	千	百	十	元	角	分
合　计														

财会主管　　　记账　　　出纳　　　复核　　　制单

总号	
分号	

付款凭证

贷方科目＿＿＿＿＿＿ 年 月 日 附件 张

摘要	应借科目		过账	金额										
	一级科目	二级及明细科目		亿	千	百	十	万	千	百	十	元	角	分
合计														

财会主管 记账 出纳 复核 制单

总号	
分号	

付款凭证

贷方科目＿＿＿＿＿＿ 年 月 日 附件 张

摘要	应借科目		过账	金额										
	一级科目	二级及明细科目		亿	千	百	十	万	千	百	十	元	角	分
合计														

财会主管 记账 出纳 复核 制单

转 账 凭 证

总 号	1
分 号	转 1

2×23年 12 月 1 日　　　　附件 5 张

摘 要	一级科目	二级及明细科目	过账	借方金额 千	百	十	万	千	百	十	元	角	分	贷方金额 千	百	十	万	千	百	十	元	角	分
商业汇票购乙材料	原材料	乙材料					5	9	0	0	0	0	0										
	应交税费	应交增值税（进项税额）						7	5	1	0	0	0										
	应付票据	秋林机械公司															6	6	5	1	0	0	0
合 计						¥	6	6	5	1	0	0	0			¥	6	6	5	1	0	0	0

财会主管 钱一凡　　复核　　记账　　制单

转 账 凭 证

总 号	
分 号	

年 月 日　　　　附件 张

摘 要	一级科目	二级及明细科目	过账	借方金额 千	百	十	万	千	百	十	元	角	分	贷方金额 千	百	十	万	千	百	十	元	角	分
合 计																							

财会主管　　复核　　记账　　制单

转账凭证

总号	
分号	

年　月　日　　　　附件　　张

摘要	一级科目	二级及明细科目	过账	借方金额										贷方金额									
				千	百	十	万	千	百	十	元	角	分	千	百	十	万	千	百	十	元	角	分
合计																							

财会主管　　复核　　记账　　制单

转账凭证

总号	
分号	

年　月　日　　　　附件　　张

摘要	一级科目	二级及明细科目	过账	借方金额										贷方金额									
				千	百	十	万	千	百	十	元	角	分	千	百	十	万	千	百	十	元	角	分
合计																							

财会主管　　复核　　记账　　制单

转 账 凭 证

总号	
分号	

年 月 日　　附件 张

摘要	一级科目	二级及明细科目	过账	借方金额										贷方金额									
				千	百	十	万	千	百	十	元	角	分	千	百	十	万	千	百	十	元	角	分
合计																							

财会主管　　复核　　记账　　制单

转 账 凭 证

总号	
分号	

年 月 日　　附件 张

摘要	一级科目	二级及明细科目	过账	借方金额										贷方金额									
				千	百	十	万	千	百	十	元	角	分	千	百	十	万	千	百	十	元	角	分
合计																							

财会主管　　复核　　记账　　制单

转 账 凭 证

总 号	
分 号	

年 月 日　　　　附件　　张

摘 要	一级科目	二级及明细科目	过账	借方金额										贷方金额									
				千	百	十	万	千	百	十	元	角	分	千	百	十	万	千	百	十	元	角	分
合 计																							

财会主管　　复核　　记账　　制单

转 账 凭 证

总 号	
分 号	

年 月 日　　　　附件　　张

摘 要	一级科目	二级及明细科目	过账	借方金额										贷方金额									
				千	百	十	万	千	百	十	元	角	分	千	百	十	万	千	百	十	元	角	分
合 计																							

财会主管　　复核　　记账　　制单

转 账 凭 证

总 号	
分 号	

年 月 日　　　　附件 张

摘 要	一级科目	二级及明细科目	过账	借方金额										贷方金额									
				千	百	十	万	千	百	十	元	角	分	千	百	十	万	千	百	十	元	角	分
合 计																							

财会主管　　复核　　记账　　制单

转 账 凭 证

总 号	
分 号	

年 月 日　　　　附件 张

摘 要	一级科目	二级及明细科目	过账	借方金额										贷方金额									
				千	百	十	万	千	百	十	元	角	分	千	百	十	万	千	百	十	元	角	分
合 计																							

财会主管　　复核　　记账　　制单

转　账　凭　证

总　号	
分　号	

年　　月　　日　　　　附件　　　　张

摘　　要	一级科目	二级及明细科目	过账	借方金额										贷方金额									
				千	百	十	万	千	百	十	元	角	分	千	百	十	万	千	百	十	元	角	分
合　　计																							

财会主管　　　　复核　　　　记账　　　　制单

转　账　凭　证

总　号	
分　号	

年　　月　　日　　　　附件　　　　张

摘　　要	一级科目	二级及明细科目	过账	借方金额										贷方金额									
				千	百	十	万	千	百	十	元	角	分	千	百	十	万	千	百	十	元	角	分
合　　计																							

财会主管　　　　复核　　　　记账　　　　制单

转账凭证

总号	
分号	

年　月　日　　　　附件　　张

摘要	一级科目	二级及明细科目	过账	借方金额										贷方金额									
				千	百	十	万	千	百	十	元	角	分	千	百	十	万	千	百	十	元	角	分
合计																							

财会主管　　复核　　记账　　制单

转账凭证

总号	
分号	

年　月　日　　　　附件　　张

摘要	一级科目	二级及明细科目	过账	借方金额										贷方金额									
				千	百	十	万	千	百	十	元	角	分	千	百	十	万	千	百	十	元	角	分
合计																							

财会主管　　复核　　记账　　制单

转 账 凭 证

总号	
分号	

年　　月　　日　　　　　　附件　　　　张

摘　要	一级科目	二级及明细科目	过账	借方金额										贷方金额									
				千	百	十	万	千	百	十	元	角	分	千	百	十	万	千	百	十	元	角	分
合　计																							

财会主管　　　　复核　　　　记账　　　　制单

转 账 凭 证

总号	
分号	

年　　月　　日　　　　　　附件　　　　张

摘　要	一级科目	二级及明细科目	过账	借方金额										贷方金额									
				千	百	十	万	千	百	十	元	角	分	千	百	十	万	千	百	十	元	角	分
合　计																							

财会主管　　　　复核　　　　记账　　　　制单

转 账 凭 证

总号	
分号	

年 月 日 附件 张

摘要	一级科目	二级及明细科目	过账	借方金额										贷方金额									
				千	百	十	万	千	百	十	元	角	分	千	百	十	万	千	百	十	元	角	分
合计																							

财会主管 复核 记账 制单

转 账 凭 证

总号	
分号	

年 月 日 附件 张

摘要	一级科目	二级及明细科目	过账	借方金额										贷方金额									
				千	百	十	万	千	百	十	元	角	分	千	百	十	万	千	百	十	元	角	分
合计																							

财会主管 复核 记账 制单

转　账　凭　证

总号	
分号	

年　　月　　日　　　　　　　　附件　　　　张

摘　要	一级科目	二级及明细科目	过账	借方金额										贷方金额									
				千	百	十	万	千	百	十	元	角	分	千	百	十	万	千	百	十	元	角	分
合　计																							

财会主管　　　　复核　　　　记账　　　　制单

转　账　凭　证

总号	
分号	

年　　月　　日　　　　　　　　附件　　　　张

摘　要	一级科目	二级及明细科目	过账	借方金额										贷方金额									
				千	百	十	万	千	百	十	元	角	分	千	百	十	万	千	百	十	元	角	分
合　计																							

财会主管　　　　复核　　　　记账　　　　制单

转 账 凭 证

总 号	
分 号	

年 月 日　　　　附件 张

摘 要	一级科目	二级及明细科目	过账	借方金额										贷方金额									
				千	百	十	万	千	百	十	元	角	分	千	百	十	万	千	百	十	元	角	分
合 计																							

财会主管　　　复核　　　记账　　　制单

转 账 凭 证

总 号	
分 号	

年 月 日　　　　附件 张

摘 要	一级科目	二级及明细科目	过账	借方金额										贷方金额									
				千	百	十	万	千	百	十	元	角	分	千	百	十	万	千	百	十	元	角	分
合 计																							

财会主管　　　复核　　　记账　　　制单

转 账 凭 证

总号	
分号	

年 月 日　　　　附件 张

摘要	一级科目	二级及明细科目	过账	借方金额										贷方金额									
				千	百	十	万	千	百	十	元	角	分	千	百	十	万	千	百	十	元	角	分
合计																							

财会主管　　复核　　记账　　制单

转 账 凭 证

总号	
分号	

年 月 日　　　　附件 张

摘要	一级科目	二级及明细科目	过账	借方金额										贷方金额									
				千	百	十	万	千	百	十	元	角	分	千	百	十	万	千	百	十	元	角	分
合计																							

财会主管　　复核　　记账　　制单

转 账 凭 证

总 号	
分 号	

年　　月　　日　　　　附件　　　　张

摘　　要	一级科目	二级及明细科目	过账	借方金额										贷方金额									
				千	百	十	万	千	百	十	元	角	分	千	百	十	万	千	百	十	元	角	分
合　　计																							

财会主管　　　　复核　　　　记账　　　　制单

转 账 凭 证

总 号	
分 号	

年　　月　　日　　　　附件　　　　张

摘　　要	一级科目	二级及明细科目	过账	借方金额										贷方金额									
				千	百	十	万	千	百	十	元	角	分	千	百	十	万	千	百	十	元	角	分
合　　计																							

财会主管　　　　复核　　　　记账　　　　制单

转账凭证

总号	
分号	

年　　月　　日　　　　附件　　张

摘要	一级科目	二级及明细科目	过账	借方金额										贷方金额									
				千	百	十	万	千	百	十	元	角	分	千	百	十	万	千	百	十	元	角	分
合计																							

财会主管　　复核　　记账　　制单

转账凭证

总号	
分号	

年　　月　　日　　　　附件　　张

摘要	一级科目	二级及明细科目	过账	借方金额										贷方金额									
				千	百	十	万	千	百	十	元	角	分	千	百	十	万	千	百	十	元	角	分
合计																							

财会主管　　复核　　记账　　制单

转 账 凭 证

总号	
分号	

年　月　日　　　　附件　　张

摘要	一级科目	二级及明细科目	过账	借方金额										贷方金额									
				千	百	十	万	千	百	十	元	角	分	千	百	十	万	千	百	十	元	角	分
合计																							

财会主管　　复核　　记账　　制单

转 账 凭 证

总号	
分号	

年　月　日　　　　附件　　张

摘要	一级科目	二级及明细科目	过账	借方金额										贷方金额									
				千	百	十	万	千	百	十	元	角	分	千	百	十	万	千	百	十	元	角	分
合计																							

财会主管　　复核　　记账　　制单

转账凭证

年　月　日

总号	
分号	

附件　张

摘要	一级科目	二级及明细科目	过账	借方金额										贷方金额									
				千	百	十	万	千	百	十	元	角	分	千	百	十	万	千	百	十	元	角	分
合计																							

财会主管　复核　记账　制单

转账凭证

年　月　日

总号	
分号	

附件　张

摘要	一级科目	二级及明细科目	过账	借方金额										贷方金额									
				千	百	十	万	千	百	十	元	角	分	千	百	十	万	千	百	十	元	角	分
合计																							

财会主管　复核　记账　制单

转账凭证

年　月　日

总号	
分号	

附件　张

摘要	一级科目	二级及明细科目	过账	借方金额										贷方金额									
				千	百	十	万	千	百	十	元	角	分	千	百	十	万	千	百	十	元	角	分
合计																							

财会主管　复核　记账　制单

转账凭证

年　月　日

总号	
分号	

附件　张

摘要	一级科目	二级及明细科目	过账	借方金额										贷方金额									
				千	百	十	万	千	百	十	元	角	分	千	百	十	万	千	百	十	元	角	分
合计																							

财会主管　复核　记账　制单

转 账 凭 证

总号	
分号	

年 月 日　　　　附件 张

摘要	一级科目	二级及明细科目	过账	借方金额										贷方金额									
				千	百	十	万	千	百	十	元	角	分	千	百	十	万	千	百	十	元	角	分
合计																							

财会主管　　　　复核　　　　记账　　　　制单

转 账 凭 证

总号	
分号	

年 月 日　　　　附件 张

摘要	一级科目	二级及明细科目	过账	借方金额										贷方金额									
				千	百	十	万	千	百	十	元	角	分	千	百	十	万	千	百	十	元	角	分
合计																							

财会主管　　　　复核　　　　记账　　　　制单

转账凭证

总号	
分号	

年　月　日　　　　附件　　张

摘要	一级科目	二级及明细科目	过账	借方金额										贷方金额									
				千	百	十	万	千	百	十	元	角	分	千	百	十	万	千	百	十	元	角	分
合计																							

财会主管　　复核　　记账　　制单

转账凭证

总号	
分号	

年　月　日　　　　附件　　张

摘要	一级科目	二级及明细科目	过账	借方金额										贷方金额									
				千	百	十	万	千	百	十	元	角	分	千	百	十	万	千	百	十	元	角	分
合计																							

财会主管　　复核　　记账　　制单

转 账 凭 证

总号	
分号	

年 月 日　　附件 张

摘要	一级科目	二级及明细科目	过账	借方金额										贷方金额									
				千	百	十	万	千	百	十	元	角	分	千	百	十	万	千	百	十	元	角	分
合计																							

财会主管　　复核　　记账　　制单

转 账 凭 证

总号	
分号	

年 月 日　　附件 张

摘要	一级科目	二级及明细科目	过账	借方金额										贷方金额									
				千	百	十	万	千	百	十	元	角	分	千	百	十	万	千	百	十	元	角	分
合计																							

财会主管　　复核　　记账　　制单

转 账 凭 证

总号	
分号	

年 月 日 附件 张

摘要	一级科目	二级及明细科目	过账	借方金额										贷方金额									
				千	百	十	万	千	百	十	元	角	分	千	百	十	万	千	百	十	元	角	分
合计																							

财会主管 复核 记账 制单

转 账 凭 证

总号	
分号	

年 月 日 附件 张

摘要	一级科目	二级及明细科目	过账	借方金额										贷方金额									
				千	百	十	万	千	百	十	元	角	分	千	百	十	万	千	百	十	元	角	分
合计																							

财会主管 复核 记账 制单

转账凭证

总号 |
分号 |

年 月 日　　　　附件　　张

摘要	一级科目	二级及明细科目	过账	借方金额										贷方金额									
				千	百	十	万	千	百	十	元	角	分	千	百	十	万	千	百	十	元	角	分
合计																							

财会主管　　复核　　记账　　制单

转账凭证

总号 |
分号 |

年 月 日　　　　附件　　张

摘要	一级科目	二级及明细科目	过账	借方金额										贷方金额									
				千	百	十	万	千	百	十	元	角	分	千	百	十	万	千	百	十	元	角	分
合计																							

财会主管　　复核　　记账　　制单

总号	
分号	

转 账 凭 证

年　　月　　日　　　　　　　　附件　　　　张

摘　要	一级科目	二级及明细科目	过账	借方金额										贷方金额									
				千	百	十	万	千	百	十	元	角	分	千	百	十	万	千	百	十	元	角	分
合　计																							

财会主管　　　　复核　　　　记账　　　　制单

总号	
分号	

转 账 凭 证

年　　月　　日　　　　　　　　附件　　　　张

摘　要	一级科目	二级及明细科目	过账	借方金额										贷方金额									
				千	百	十	万	千	百	十	元	角	分	千	百	十	万	千	百	十	元	角	分
合　计																							

财会主管　　　　复核　　　　记账　　　　制单

总号	
分号	

转 账 凭 证

年 月 日 附件 张

摘要	一级科目	二级及明细科目	过账	借方金额										贷方金额									
				千	百	十	万	千	百	十	元	角	分	千	百	十	万	千	百	十	元	角	分
合计																							

财会主管 复核 记账 制单

总号	
分号	

转 账 凭 证

年 月 日 附件 张

摘要	一级科目	二级及明细科目	过账	借方金额										贷方金额									
				千	百	十	万	千	百	十	元	角	分	千	百	十	万	千	百	十	元	角	分
合计																							

财会主管 复核 记账 制单

科目汇总表

年　　月　　日至　　月　　日

编号：		附件共		张
记账凭证	收款	第　　号至	号共	张
	付款	第　　号至	号共	张
	转账	第　　号至	号共	张

会计科目	本期发生额汇总																				会计科目	本期发生额汇总																			
	借方										贷方											借方										贷方									
	千	百	十	万	千	百	十	元	角	分	千	百	十	万	千	百	十	元	角	分		千	百	十	万	千	百	十	元	角	分	千	百	十	万	千	百	十	元	角	分

财会主管　　　　记账　　　　复核　　　　制表

科 目 汇 总 表

年　　月　　日至　　月　　日

编号：		附件共		张
记账凭证	收款	第　　号至	号共	张
	付款	第　　号至	号共	张
	转账	第　　号至	号共	张

会计科目	本期发生额汇总																				会计科目	本期发生额汇总																			
	借方										贷方											借方										贷方									
	千	百	十	万	千	百	十	元	角	分	千	百	十	万	千	百	十	元	角	分		千	百	十	万	千	百	十	元	角	分	千	百	十	万	千	百	十	元	角	分

财会主管　　　　记账　　　　复核　　　　制表

科　目　汇　总　表

年　　月　　日至　　月　　日

编号：		附件共	张
记账凭证	收款	第　　号至　　号共	张
	付款	第　　号至　　号共	张
	转账	第　　号至　　号共	张

会计科目	本期发生额汇总																				会计科目	本期发生额汇总																			
	借方										贷方											借方										贷方									
	千	百	十	万	千	百	十	元	角	分	千	百	十	万	千	百	十	元	角	分		千	百	十	万	千	百	十	元	角	分	千	百	十	万	千	百	十	元	角	分

财会主管　　　　记账　　　　复核　　　　制表

编号：	附件共	张
记账凭证 收款	第　号至　号共	张
记账凭证 付款	第　号至　号共	张
记账凭证 转账	第　号至　号共	张

科目汇总表

年　月　日至　月　日

会计科目	本期发生额汇总																				会计科目	本期发生额汇总																			
	借方										贷方											借方										贷方									
	千	百	十	万	千	百	十	元	角	分	千	百	十	万	千	百	十	元	角	分		千	百	十	万	千	百	十	元	角	分	千	百	十	万	千	百	十	元	角	分

财会主管　　　　记账　　　　复核　　　　制表

账簿启用及接交表

单位名称		公　章
账簿名称	库存现金日记账、银行存款日记账　（第　册）	浦江市永春机械公司 ★ 财务专用章
账簿编号		
账簿页数	本账簿共计 100 页　（本账簿页数 检点人盖章　　）	
启用日期	公元　年　月　日	

经管人员	单位主管		财务主管		复　核		记　账	
	姓　名	盖章	姓　名	盖章	姓　名	盖章	姓　名	盖章

接交记录	经管人员		接　管				交　出			
	职　别	姓　名	年	月	日	盖章	年	月	日	盖章

备注	

库存现金日记账

2×23年 月	日	凭证字号	摘要	对方科目	✓	收入（借方）金额	付出（贷方）金额	结余金额
11	29		承前页			1879000	2235000	179400
	30	收13	报销差旅费交回余款	其他应收款		45600		225000
	30	付21	现金报销办公费	管理费用			25000	200000
11	30		本月合计			1924600	2260000	200000

库 存 现 金 日 记 账

年		凭证字号	摘要	对方科目	✓	收入（借方）金额										付出（贷方）金额										结余金额									
月	日					千	百	十	万	千	百	十	元	角	分	千	百	十	万	千	百	十	元	角	分	千	百	十	万	千	百	十	元	角	分

银行存款日记账

2×23年 月	日	凭证字号	摘要	对方科目	收入（借方）金额	付出（贷方）金额	结余金额
11			承前页		198900000	189760000	483803000
	29	付25	报销修理费	管理费用		2088000	
	30	收14	收回高斯公司前欠货款	应收账款	1620000		
			本日合计		1620000	2088000	483335000
11	30		本月合计		200520000	191848000	483335000

银行存款日记账

年		凭证字号	摘要	对方科目	收入（借方）金额										付出（贷方）金额										结余金额									
月	日				千	百	十	万	千	百	十	元	角	分	千	百	十	万	千	百	十	元	角	分	千	百	十	万	千	百	十	元	角	分

银行存款日记账

第 99 页

年		凭证字号	摘要	对方科目	收入（借方）金额										付出（贷方）金额										结余金额									
月	日				千	百	十	万	千	百	十	元	角	分	千	百	十	万	千	百	十	元	角	分	千	百	十	万	千	百	十	元	角	分

银行存款日记账

年		凭证字号	摘要	对方科目	收入（借方）金额										付出（贷方）金额										结余金额									
月	日				千	百	十	万	千	百	十	元	角	分	千	百	十	万	千	百	十	元	角	分	千	百	十	万	千	百	十	元	角	分

账簿启用及接交表

单位名称		公章
账簿名称	总分类账簿 （第 册）	浦江市永春机械公司 财务专用章
账簿编号		
账簿页数	本账簿共计 100 页 （本账簿页数 检点人盖章 ）	
启用日期	公元 年 月 日	

经管人员	单位主管		财务主管		复核		记账	
	姓名	盖章	姓名	盖章	姓名	盖章	姓名	盖章

接交记录	经管人员		接管				交出			
	职别	姓名	年	月	日	盖章	年	月	日	盖章

备注	

目　录

库存现金 总账

第 2 页

2×23年 月	日	凭证字号	摘要	日页	借方金额（亿千百十万千百十元角分）	贷方金额（亿千百十万千百十元角分）	借或贷	余额（亿千百十万千百十元角分）
12	1		月初余额				借	200000
	15	科汇1号	1日—15日发生额		660400	660400		
	31	科汇2号	16日—31日发生额		600000	620000		
	31		月结		1260400	1280400	借	180000
	31		结转下年				借	180000

总账

第 4 页

年 月	日	凭证字号	摘要	日页	借方金额（亿千百十万千百十元角分）	贷方金额（亿千百十万千百十元角分）	借或贷	余额（亿千百十万千百十元角分）

总账

第 6 页

年		凭证字号	摘要	日页	借方金额											贷方金额											借或贷	余额										
月	日				亿	千	百	十	万	千	百	十	元	角	分	亿	千	百	十	万	千	百	十	元	角	分		亿	千	百	十	万	千	百	十	元	角	分

总账

第 8 页

年		凭证字号	摘要	日页	借方金额											贷方金额											借或贷	余额										
月	日				亿	千	百	十	万	千	百	十	元	角	分	亿	千	百	十	万	千	百	十	元	角	分		亿	千	百	十	万	千	百	十	元	角	分

总账

第 10 页

年		凭证字号	摘要	日页	借方金额											贷方金额											借或贷	余额										
月	日				亿	千	百	十	万	千	百	十	元	角	分	亿	千	百	十	万	千	百	十	元	角	分		亿	千	百	十	万	千	百	十	元	角	分

总账

第 12 页

年		凭证字号	摘要	日页	借方金额											贷方金额											借或贷	余额										
月	日				亿	千	百	十	万	千	百	十	元	角	分	亿	千	百	十	万	千	百	十	元	角	分		亿	千	百	十	万	千	百	十	元	角	分

总账

年		凭证字号	摘要	日页	借方金额											贷方金额											借或贷	余额										
月	日				亿	千	百	十	万	千	百	十	元	角	分	亿	千	百	十	万	千	百	十	元	角	分		亿	千	百	十	万	千	百	十	元	角	分

总账

年		凭证字号	摘要	日页	借方金额											贷方金额											借或贷	余额										
月	日				亿	千	百	十	万	千	百	十	元	角	分	亿	千	百	十	万	千	百	十	元	角	分		亿	千	百	十	万	千	百	十	元	角	分

总账

第 18 页

年		凭证字号	摘要	日页	借方金额											贷方金额											借或贷	余额										
月	日				亿	千	百	十	万	千	百	十	元	角	分	亿	千	百	十	万	千	百	十	元	角	分		亿	千	百	十	万	千	百	十	元	角	分

总账

第 20 页

年		凭证字号	摘要	日页	借方金额											贷方金额											借或贷	余额										
月	日				亿	千	百	十	万	千	百	十	元	角	分	亿	千	百	十	万	千	百	十	元	角	分		亿	千	百	十	万	千	百	十	元	角	分

总账

第 23 页

年		凭证字号	摘要	日页	借方金额											贷方金额											借或贷	余额										
月	日				亿	千	百	十	万	千	百	十	元	角	分	亿	千	百	十	万	千	百	十	元	角	分		亿	千	百	十	万	千	百	十	元	角	分

总账

第 26 页

年		凭证字号	摘要	日页	借方金额											贷方金额											借或贷	余额										
月	日				亿	千	百	十	万	千	百	十	元	角	分	亿	千	百	十	万	千	百	十	元	角	分		亿	千	百	十	万	千	百	十	元	角	分

总账

第 28 页

年		凭证字号	摘要	日页	借方金额											贷方金额											借或贷	余额										
月	日				亿	千	百	十	万	千	百	十	元	角	分	亿	千	百	十	万	千	百	十	元	角	分		亿	千	百	十	万	千	百	十	元	角	分

总账

第 30 页

年		凭证字号	摘要	日页	借方金额											贷方金额											借或贷	余额										
月	日				亿	千	百	十	万	千	百	十	元	角	分	亿	千	百	十	万	千	百	十	元	角	分		亿	千	百	十	万	千	百	十	元	角	分

总账

年		凭证字号	摘要	日页	借方金额											贷方金额											借或贷	余额										
月	日				亿	千	百	十	万	千	百	十	元	角	分	亿	千	百	十	万	千	百	十	元	角	分		亿	千	百	十	万	千	百	十	元	角	分

总账

年		凭证字号	摘要	日页	借方金额											贷方金额											借或贷	余额										
月	日				亿	千	百	十	万	千	百	十	元	角	分	亿	千	百	十	万	千	百	十	元	角	分		亿	千	百	十	万	千	百	十	元	角	分

总账

第 36 页

年		凭证字号	摘要	日页	借方金额											贷方金额											借或贷	余额										
月	日				亿	千	百	十	万	千	百	十	元	角	分	亿	千	百	十	万	千	百	十	元	角	分		亿	千	百	十	万	千	百	十	元	角	分

总账

第 39 页

年		凭证字号	摘要	日页	借方金额											贷方金额											借或贷	余额										
月	日				亿	千	百	十	万	千	百	十	元	角	分	亿	千	百	十	万	千	百	十	元	角	分		亿	千	百	十	万	千	百	十	元	角	分

总账

年		凭证字号	摘要	日页	借方金额											贷方金额											借或贷	余额										
月	日				亿	千	百	十	万	千	百	十	元	角	分	亿	千	百	十	万	千	百	十	元	角	分		亿	千	百	十	万	千	百	十	元	角	分

总账

年		凭证字号	摘要	日页	借方金额											贷方金额											借或贷	余额										
月	日				亿	千	百	十	万	千	百	十	元	角	分	亿	千	百	十	万	千	百	十	元	角	分		亿	千	百	十	万	千	百	十	元	角	分

总账

年		凭证字号	摘要	日页	借方金额											贷方金额											借或贷	余额										
月	日				亿	千	百	十	万	千	百	十	元	角	分	亿	千	百	十	万	千	百	十	元	角	分		亿	千	百	十	万	千	百	十	元	角	分

总账

年		凭证字号	摘要	日页	借方金额											贷方金额											借或贷	余额										
月	日				亿	千	百	十	万	千	百	十	元	角	分	亿	千	百	十	万	千	百	十	元	角	分		亿	千	百	十	万	千	百	十	元	角	分

总账

年		凭证字号	摘要	日页	借方金额											贷方金额											借或贷	余额										
月	日				亿	千	百	十	万	千	百	十	元	角	分	亿	千	百	十	万	千	百	十	元	角	分		亿	千	百	十	万	千	百	十	元	角	分

总账

年		凭证字号	摘要	日页	借方金额											贷方金额											借或贷	余额										
月	日				亿	千	百	十	万	千	百	十	元	角	分	亿	千	百	十	万	千	百	十	元	角	分		亿	千	百	十	万	千	百	十	元	角	分

总账

年		凭证字号	摘要	日页	借方金额											贷方金额											借或贷	余额										
月	日				亿	千	百	十	万	千	百	十	元	角	分	亿	千	百	十	万	千	百	十	元	角	分		亿	千	百	十	万	千	百	十	元	角	分

总账

年		凭证字号	摘要	日页	借方金额											贷方金额											借或贷	余额										
月	日				亿	千	百	十	万	千	百	十	元	角	分	亿	千	百	十	万	千	百	十	元	角	分		亿	千	百	十	万	千	百	十	元	角	分

总账

第 58 页

年		凭证字号	摘要	日页	借方金额											贷方金额											借或贷	余额										
月	日				亿	千	百	十	万	千	百	十	元	角	分	亿	千	百	十	万	千	百	十	元	角	分		亿	千	百	十	万	千	百	十	元	角	分

总账

第 60 页

年		凭证字号	摘要	日页	借方金额											贷方金额											借或贷	余额										
月	日				亿	千	百	十	万	千	百	十	元	角	分	亿	千	百	十	万	千	百	十	元	角	分		亿	千	百	十	万	千	百	十	元	角	分

总账

第 62 页

年		凭证字号	摘要	日页	借方金额											贷方金额											借或贷	余额										
月	日				亿	千	百	十	万	千	百	十	元	角	分	亿	千	百	十	万	千	百	十	元	角	分		亿	千	百	十	万	千	百	十	元	角	分

总账

第 64 页

年		凭证字号	摘要	日页	借方金额											贷方金额											借或贷	余额										
月	日				亿	千	百	十	万	千	百	十	元	角	分	亿	千	百	十	万	千	百	十	元	角	分		亿	千	百	十	万	千	百	十	元	角	分

总账

第 66 页

年		凭证字号	摘要	日页	借方金额											贷方金额											借或贷	余额										
月	日				亿	千	百	十	万	千	百	十	元	角	分	亿	千	百	十	万	千	百	十	元	角	分		亿	千	百	十	万	千	百	十	元	角	分

总账

第 68 页

年		凭证字号	摘要	日页	借方金额											贷方金额											借或贷	余额										
月	日				亿	千	百	十	万	千	百	十	元	角	分	亿	千	百	十	万	千	百	十	元	角	分		亿	千	百	十	万	千	百	十	元	角	分

总账

年		凭证字号	摘要	日页	借方金额											贷方金额											借或贷	余额										
月	日				亿	千	百	十	万	千	百	十	元	角	分	亿	千	百	十	万	千	百	十	元	角	分		亿	千	百	十	万	千	百	十	元	角	分

总账

年		凭证字号	摘要	日页	借方金额											贷方金额											借或贷	余额										
月	日				亿	千	百	十	万	千	百	十	元	角	分	亿	千	百	十	万	千	百	十	元	角	分		亿	千	百	十	万	千	百	十	元	角	分

总账

第 75 页

年		凭证字号	摘要	日页	借方金额											贷方金额											借或贷	余额										
月	日				亿	千	百	十	万	千	百	十	元	角	分	亿	千	百	十	万	千	百	十	元	角	分		亿	千	百	十	万	千	百	十	元	角	分

总账

第 78 页

年		凭证字号	摘要	日页	借方金额											贷方金额											借或贷	余额										
月	日				亿	千	百	十	万	千	百	十	元	角	分	亿	千	百	十	万	千	百	十	元	角	分		亿	千	百	十	万	千	百	十	元	角	分

总账

年		凭证字号	摘要	日页	借方金额											贷方金额											借或贷	余额										
月	日				亿	千	百	十	万	千	百	十	元	角	分	亿	千	百	十	万	千	百	十	元	角	分		亿	千	百	十	万	千	百	十	元	角	分

总账

年		凭证字号	摘要	日页	借方金额											贷方金额											借或贷	余额										
月	日				亿	千	百	十	万	千	百	十	元	角	分	亿	千	百	十	万	千	百	十	元	角	分		亿	千	百	十	万	千	百	十	元	角	分

总账

第 88 页

年		凭证字号	摘要	日页	借方金额											贷方金额											借或贷	余额										
月	日				亿	千	百	十	万	千	百	十	元	角	分	亿	千	百	十	万	千	百	十	元	角	分		亿	千	百	十	万	千	百	十	元	角	分

总账

第 94 页

年		凭证字号	摘要	日页	借方金额											贷方金额											借或贷	余额										
月	日				亿	千	百	十	万	千	百	十	元	角	分	亿	千	百	十	万	千	百	十	元	角	分		亿	千	百	十	万	千	百	十	元	角	分

总账

年		凭证字号	摘要	日页	借方金额											贷方金额											借或贷	余额										
月	日				亿	千	百	十	万	千	百	十	元	角	分	亿	千	百	十	万	千	百	十	元	角	分		亿	千	百	十	万	千	百	十	元	角	分

总账

年		凭证字号	摘要	日页	借方金额											贷方金额											借或贷	余额										
月	日				亿	千	百	十	万	千	百	十	元	角	分	亿	千	百	十	万	千	百	十	元	角	分		亿	千	百	十	万	千	百	十	元	角	分

总账

第 99 页

年		凭证字号	摘要	日页	借方金额											贷方金额											借或贷	余额										
月	日				亿	千	百	十	万	千	百	十	元	角	分	亿	千	百	十	万	千	百	十	元	角	分		亿	千	百	十	万	千	百	十	元	角	分

总账

第 100 页

年		凭证字号	摘要	日页	借方金额											贷方金额											借或贷	余额										
月	日				亿	千	百	十	万	千	百	十	元	角	分	亿	千	百	十	万	千	百	十	元	角	分		亿	千	百	十	万	千	百	十	元	角	分

账簿启用及接交表

单位名称		公　章
账簿名称	明细分类账　　　　（第　　册）	浦江市永春机械公司 财务专用章
账簿编号		
账簿页数	本账簿共计 200 页　（本账簿页数 检点人盖章　　）	
启用日期	公元　　年　　月　　日	

经管人员	单位主管		财务主管		复　核		记　账	
	姓　名	盖章	姓　名	盖章	姓　名	盖章	姓　名	盖章

接交记录	经管人员		接　管				交　出			
	职　别	姓　名	年	月	日	盖章	年	月	日	盖章

备注	

目　录

应收票据　　　　明细账

二 级科目编号及名称 明远公司　　　　　　总第 3 页　分第 　页

2×23年 月	日	凭证字号	摘要	对方科目	借方金额	贷方金额	借或贷	余额
12	1		月初余额				借	1 320 000.00
	7	转5	商业汇票销售	主营业务收入	847 500.00		借	2 167 500.00
	13	收4	托收商业汇票款收到	银行存款		492 500.00	借	1 675 000.00
	19	转13	商业汇票售明远公司产品	主营业务收入	565 000.00		借	2 240 000.00
	23	收6	到期商业汇票款收到	银行存款		785 000.00	借	1 455 000.00
			结转下年				借	1 455 000.00

应收账款　　　　明细账

　级科目编号及名称　　　　　　总第 6 页　分第 　页

年 月	日	凭证字号	摘要	对方科目	借方金额	贷方金额	借或贷	余额

级科目编号及名称

应收账款 明细账

总第 9 页 分第 页

年		凭证字号	摘要	对方科目	借方金额											贷方金额											借或贷	余额										
月	日				亿	千	百	十	万	千	百	十	元	角	分	亿	千	百	十	万	千	百	十	元	角	分		亿	千	百	十	万	千	百	十	元	角	分

级科目编号及名称

应收账款 明细账

总第 12 页 分第 页

年		凭证字号	摘要	对方科目	借方金额											贷方金额											借或贷	余额										
月	日				亿	千	百	十	万	千	百	十	元	角	分	亿	千	百	十	万	千	百	十	元	角	分		亿	千	百	十	万	千	百	十	元	角	分

预付账款 明细账

级科目编号及名称　　　　总第 15 页　分第　　页

年		凭证字号	摘要	对方科目	借方金额											贷方金额											借或贷	余额										
月	日				亿	千	百	十	万	千	百	十	元	角	分	亿	千	百	十	万	千	百	十	元	角	分		亿	千	百	十	万	千	百	十	元	角	分

预付账款 明细账

级科目编号及名称　　　　总第 18 页　分第　　页

年		凭证字号	摘要	对方科目	借方金额											贷方金额											借或贷	余额										
月	日				亿	千	百	十	万	千	百	十	元	角	分	亿	千	百	十	万	千	百	十	元	角	分		亿	千	百	十	万	千	百	十	元	角	分

其他应收款　　明细账

级科目编号及名称　　　　　　　　　　　　　　总第　21　页　分第　　页

年		凭证字号	摘要	对方科目	借方金额											贷方金额											借或贷	余额										
月	日				亿	千	百	十	万	千	百	十	元	角	分	亿	千	百	十	万	千	百	十	元	角	分		亿	千	百	十	万	千	百	十	元	角	分

坏账准备　　明细账

级科目编号及名称　　　　　　　　　　　　　　总第　24　页　分第　　页

年		凭证字号	摘要	对方科目	借方金额											贷方金额											借或贷	余额										
月	日				亿	千	百	十	万	千	百	十	元	角	分	亿	千	百	十	万	千	百	十	元	角	分		亿	千	百	十	万	千	百	十	元	角	分

在途物资 明细账

级科目编号及名称

总第 27 页 分第 页

年		凭证字号	摘要	对方科目	借方金额											贷方金额											借或贷	余额										
月	日				亿	千	百	十	万	千	百	十	元	角	分	亿	千	百	十	万	千	百	十	元	角	分		亿	千	百	十	万	千	百	十	元	角	分

明细账

级科目编号及名称

总第 30 页 分第 页

年		凭证字号	摘要	对方科目	借方金额											贷方金额											借或贷	余额										
月	日				亿	千	百	十	万	千	百	十	元	角	分	亿	千	百	十	万	千	百	十	元	角	分		亿	千	百	十	万	千	百	十	元	角	分

原材料 明细账

总页 33 分页

存储地点 最高存量 最低存量 计量单位 货名

年		凭证字号	摘要	收入（借方）												发出（贷方）												结存											
月	日			数量	单价	金额										数量	单价	金额										数量	单价	金额									
						千	百	十	万	千	百	十	元	角	分			千	百	十	万	千	百	十	元	角	分			千	百	十	万	千	百	十	元	角	分

财会主管

复核

记账

原材料　　明细账

总页 36　　分页

存储地点　　最高存量　　最低存量　　计量单位　　货名

年		凭证字号	摘要	收入（借方）												发出（贷方）												结存											
				数量	单价	金额										数量	单价	金额										数量	单价	金额									
月	日					千	百	十	万	千	百	十	元	角	分			千	百	十	万	千	百	十	元	角	分			千	百	十	万	千	百	十	元	角	分

财会主管

复核

记账

原材料　　　　明细账

总页 39　　分页

存储地点　　最高存量　　最低存量　　计量单位　　货名

财会主管

复核

记账

年		凭证字号	摘要	收入（借方）												发出（贷方）												结存											
				数量	单价	金额										数量	单价	金额										数量	单价	金额									
月	日					千	百	十	万	千	百	十	元	角	分			千	百	十	万	千	百	十	元	角	分			千	百	十	万	千	百	十	元	角	分

库存商品明细账

总页 42 分页

存储地点 最高存量 最低存量 计量单位 货名

年		凭证字号	摘要	收入（借方）												发出（贷方）												结存											
				数量	单价	金额										数量	单价	金额										数量	单价	金额									
月	日					千	百	十	万	千	百	十	元	角	分			千	百	十	万	千	百	十	元	角	分			千	百	十	万	千	百	十	元	角	分

财会主管

复核

记账

库存商品明细账

总页 45 分页

存储地点 最高存量 最低存量 计量单位 货名

年		凭证字号	摘要	收入（借方）			发出（贷方）			结存		
月	日			数量	单价	金额（千百十万千百十元角分）	数量	单价	金额（千百十万千百十元角分）	数量	单价	金额（千百十万千百十元角分）

财会主管

复核

记账

固定资产 明细账

二级科目编号及名称 机器设备类

总第 48 页 分第 页

2×23年 月	日	凭证字号	摘要	对方科目	借方金额	贷方金额	借或贷	余额
12	1		月初余额				借	13500000.00
	5	付6	购进不需安装设备	银行存款	206000.00			
	17	转9	电解炉工程完工交付使用	在建工程	447200.00			
	31		月结		653200.00		借	14153200.00
	31		结转下年				借	14153200.00

固定资产 明细账

级科目编号及名称

总第 51 页 分第 页

年 月	日	凭证字号	摘要	对方科目	借方金额	贷方金额	借或贷	余额

______级科目编号及名称______

在建工程　　明细账

总第 54 页　分第 ______ 页

年		凭证字号	摘要	对方科目	借方金额											贷方金额											借或贷	余额										
月	日				亿	千	百	十	万	千	百	十	元	角	分	亿	千	百	十	万	千	百	十	元	角	分		亿	千	百	十	万	千	百	十	元	角	分

______级科目编号及名称______

在建工程　　明细账

总第 57 页　分第 ______ 页

年		凭证字号	摘要	对方科目	借方金额											贷方金额											借或贷	余额										
月	日				亿	千	百	十	万	千	百	十	元	角	分	亿	千	百	十	万	千	百	十	元	角	分		亿	千	百	十	万	千	百	十	元	角	分

级科目编号及名称

无形资产　　明细账

总第 60 页　分第　页

年		凭证字号	摘要	对方科目	借方金额											贷方金额											借或贷	余额										
月	日				亿	千	百	十	万	千	百	十	元	角	分	亿	千	百	十	万	千	百	十	元	角	分		亿	千	百	十	万	千	百	十	元	角	分

级科目编号及名称

短期借款　　明细账

总第 63 页　分第　页

年		凭证字号	摘要	对方科目	借方金额											贷方金额											借或贷	余额										
月	日				亿	千	百	十	万	千	百	十	元	角	分	亿	千	百	十	万	千	百	十	元	角	分		亿	千	百	十	万	千	百	十	元	角	分

应付票据　　　明细账

级科目编号及名称　　　　　　　　　　　　　　　　　　　　　　　　总第 66 页　分第　　页

年		凭证字号	摘要	对方科目	借方金额											贷方金额											借或贷	余额										
月	日				亿	千	百	十	万	千	百	十	元	角	分	亿	千	百	十	万	千	百	十	元	角	分		亿	千	百	十	万	千	百	十	元	角	分

应付账款　　　明细账

级科目编号及名称　　　　　　　　　　　　　　　　　　　　　　　　总第 69 页　分第　　页

年		凭证字号	摘要	对方科目	借方金额											贷方金额											借或贷	余额										
月	日				亿	千	百	十	万	千	百	十	元	角	分	亿	千	百	十	万	千	百	十	元	角	分		亿	千	百	十	万	千	百	十	元	角	分

级科目编号及名称

应付账款 明细账

总第 72 页 分第 页

年		凭证字号	摘要	对方科目	借方金额											贷方金额											借或贷	余额										
月	日				亿	千	百	十	万	千	百	十	元	角	分	亿	千	百	十	万	千	百	十	元	角	分		亿	千	百	十	万	千	百	十	元	角	分

级科目编号及名称

应付账款 明细账

总第 75 页 分第 页

年		凭证字号	摘要	对方科目	借方金额											贷方金额											借或贷	余额										
月	日				亿	千	百	十	万	千	百	十	元	角	分	亿	千	百	十	万	千	百	十	元	角	分		亿	千	百	十	万	千	百	十	元	角	分

预收账款 明细账

____级科目编号及名称________ 总第 78 页 分第____页

年		凭证字号	摘要	对方科目	借方金额											贷方金额											借或贷	余额										
月	日				亿	千	百	十	万	千	百	十	元	角	分	亿	千	百	十	万	千	百	十	元	角	分		亿	千	百	十	万	千	百	十	元	角	分

预收账款 明细账

____级科目编号及名称________ 总第 81 页 分第____页

年		凭证字号	摘要	对方科目	借方金额											贷方金额											借或贷	余额										
月	日				亿	千	百	十	万	千	百	十	元	角	分	亿	千	百	十	万	千	百	十	元	角	分		亿	千	百	十	万	千	百	十	元	角	分

应付职工薪酬 明细账

级科目编号及名称

年		凭证字号	摘要	对方科目	借方金额											贷方金额											借或贷	余额										
月	日				亿	千	百	十	万	千	百	十	元	角	分	亿	千	百	十	万	千	百	十	元	角	分		亿	千	百	十	万	千	百	十	元	角	分

应付职工薪酬 明细账

级科目编号及名称

年		凭证字号	摘要	对方科目	借方金额											贷方金额											借或贷	余额										
月	日				亿	千	百	十	万	千	百	十	元	角	分	亿	千	百	十	万	千	百	十	元	角	分		亿	千	百	十	万	千	百	十	元	角	分

应交税费——应交增值税　　明细账

总第 90 页　分第＿＿页

年		凭证字号	摘要	借方发生额				贷方发生额			借或贷	余额
月	日			进项税额	已交税金	转出未交增值税	合计	销项税额	转出多交增值税	合计		

应交税费——应交增值税　明细账

总第 93 页　分第　页

年		凭证字号	摘要	借方发生额				贷方发生额			借或贷	余额
月	日			进项税额	已交税金	转出未交增值税	合计	销项税额	转出多交增值税	合计		

级科目编号及名称

应交税费 明细账

总第 96 页 分第 页

年		凭证字号	摘要	对方科目	借方金额											贷方金额											借或贷	余额										
月	日				亿	千	百	十	万	千	百	十	元	角	分	亿	千	百	十	万	千	百	十	元	角	分		亿	千	百	十	万	千	百	十	元	角	分

级科目编号及名称

应交税费 明细账

总第 99 页 分第 页

年		凭证字号	摘要	对方科目	借方金额											贷方金额											借或贷	余额										
月	日				亿	千	百	十	万	千	百	十	元	角	分	亿	千	百	十	万	千	百	十	元	角	分		亿	千	百	十	万	千	百	十	元	角	分

级科目编号及名称

应交税费 明细账

总第 102 页 分第 页

年		凭证字号	摘要	对方科目	借方金额											贷方金额											借或贷	余额										
月	日				亿	千	百	十	万	千	百	十	元	角	分	亿	千	百	十	万	千	百	十	元	角	分		亿	千	百	十	万	千	百	十	元	角	分

级科目编号及名称

应交税费 明细账

总第 105 页 分第 页

年		凭证字号	摘要	对方科目	借方金额											贷方金额											借或贷	余额										
月	日				亿	千	百	十	万	千	百	十	元	角	分	亿	千	百	十	万	千	百	十	元	角	分		亿	千	百	十	万	千	百	十	元	角	分

____级科目编号及名称________

应付利息 明细账

总第 108 页 分第 ____ 页

年		凭证字号	摘要	对方科目	借方金额											贷方金额											借或贷	余额										
月	日				亿	千	百	十	万	千	百	十	元	角	分	亿	千	百	十	万	千	百	十	元	角	分		亿	千	百	十	万	千	百	十	元	角	分

____级科目编号及名称________

应付股利 明细账

总第 111 页 分第 ____ 页

年		凭证字号	摘要	对方科目	借方金额											贷方金额											借或贷	余额										
月	日				亿	千	百	十	万	千	百	十	元	角	分	亿	千	百	十	万	千	百	十	元	角	分		亿	千	百	十	万	千	百	十	元	角	分

级科目编号及名称

应付股利 明细账

总第 114 页 分第 页

年		凭证字号	摘要	对方科目	借方金额											贷方金额											借或贷	余额										
月	日				亿	千	百	十	万	千	百	十	元	角	分	亿	千	百	十	万	千	百	十	元	角	分		亿	千	百	十	万	千	百	十	元	角	分

级科目编号及名称

实收资本 明细账

总第 117 页 分第 页

年		凭证字号	摘要	对方科目	借方金额											贷方金额											借或贷	余额										
月	日				亿	千	百	十	万	千	百	十	元	角	分	亿	千	百	十	万	千	百	十	元	角	分		亿	千	百	十	万	千	百	十	元	角	分

级科目编号及名称　　　　　　　　**实收资本　　　　明细账**　　　　总第 120 页　分第　　页

年		凭证字号	摘　要	对方科目	借方金额											贷方金额											借或贷	余　额										
月	日				亿	千	百	十	万	千	百	十	元	角	分	亿	千	百	十	万	千	百	十	元	角	分		亿	千	百	十	万	千	百	十	元	角	分

级科目编号及名称　　　　　　　　**资本公积　　　　明细账**　　　　总第 123 页　分第　　页

年		凭证字号	摘　要	对方科目	借方金额											贷方金额											借或贷	余　额										
月	日				亿	千	百	十	万	千	百	十	元	角	分	亿	千	百	十	万	千	百	十	元	角	分		亿	千	百	十	万	千	百	十	元	角	分

级科目编号及名称

盈余公积 明细账

总第 126 页 分第 页

年		凭证字号	摘要	对方科目	借方金额											贷方金额											借或贷	余额										
月	日				亿	千	百	十	万	千	百	十	元	角	分	亿	千	百	十	万	千	百	十	元	角	分		亿	千	百	十	万	千	百	十	元	角	分

级科目编号及名称

利润分配 明细账

总第 129 页 分第 页

年		凭证字号	摘要	对方科目	借方金额											贷方金额											借或贷	余额										
月	日				亿	千	百	十	万	千	百	十	元	角	分	亿	千	百	十	万	千	百	十	元	角	分		亿	千	百	十	万	千	百	十	元	角	分

利润分配 明细账

级科目编号及名称

总第 132 页 分第 页

年		凭证字号	摘要	对方科目	借方金额											贷方金额											借或贷	余额										
月	日				亿	千	百	十	万	千	百	十	元	角	分	亿	千	百	十	万	千	百	十	元	角	分		亿	千	百	十	万	千	百	十	元	角	分

利润分配 明细账

级科目编号及名称

总第 135 页 分第 页

年		凭证字号	摘要	对方科目	借方金额											贷方金额											借或贷	余额										
月	日				亿	千	百	十	万	千	百	十	元	角	分	亿	千	百	十	万	千	百	十	元	角	分		亿	千	百	十	万	千	百	十	元	角	分

本年利润　　　　　明细账

二级科目编号及名称　　　　　　　　　　　　　　　总第 138 号　分第　　页

2×23年 月	日	凭证字号	摘要	对方科目	借方金额	贷方金额	借或贷	结余金额
11			承前页		151280000	231280000	贷	365000000
	30	转32	结转所得税费用至本年利润账户	所得税费用	20000000		贷	345000000
	30		本月合计		171280000	231280000		345000000
	30		本年累计		789030000	1134030000	贷	345000000
12								

生产成本明细分类账

总页次 144 分页次

产品名称 A产品 生产车间

2×23年 月	日	凭证号数	摘要	借方发生额	成本项目 直接材料	直接人工	制造费用
11			承前页	750400.00	545200.00	205200.00	
	30	转22	分配并结转制造费用	117000.00			117000.00
	30	转23	计算并结转完工产品成本	902400.00	569200.00	211200.00	122000.00
	30		月末在产品成本	61250.00	42000.00	10500.00	8750.00
12							

财会主管 复核 记账

生产成本明细分类账

总页次 147　分页次

产品名称 B产品　生产车间

2×23年 月	2×23年 日	凭证号数	摘要	借方发生额	成本项目 直接材料	成本项目 直接人工	成本项目 制造费用
11			承前页	568400.00	408800.00	159600.00	
	30	转22	分配并结转制造费用	91000.00			91000.00
	30	转23	计算并结转完工产品成本	652200.00	404800.00	157600.00	89800.00
	30		月末在产品成本	30600.00	17000.00	8500.00	5100.00
12							

财会主管　复核　记账

二级科目编号及名称________　　**制造费用　　明细账**　　总第 150 页　分第____页

2×23年 月	日	凭证号数	摘要	借方	(借)方金额分析 办公费	物料消耗	工薪费用	水电费	折旧费	
11			承前页	1105000.00	482	25 468	26 220	58 330		
	30	转22	计提并结转折旧费用	97500.00					97 500	
	30	转23	分配并结转制造费用	208000.00	482	25 468	26 220	58 330	97 500	
12										

主营业务收入 明细账

二级科目编号及名称 ______ 总第 153 页 分第 ______ 页

2×23年 月	日	凭证号数	摘要	贷方	(贷)方金额分析 A产品	B产品			
11			承前页	2162000000	1 350 000	812 000			
	29	转18	赊销宏图公司产品	10800000		108 000			
	30	转31	结转收入至本年利润账户	2270000000	1 350 000	920 000			
	30		本年累计	111250000000	6 630 000	4 495 000			
12									

二级科目编号及名称

其他业务收入 明细账

总第 162 页 分第 页

2×23年 月	日	凭证号数	摘要	贷方 千	百	十	万	千	百	十	元	角	分	（贷）方金额分析 材料销售	租赁收入			
11			承前页				3	8	2	0	0	0	0	38 200				
	30	转29	结转收入至本年利润账户				3	8	2	0	0	0	0	38 200				
	30		本年累计			1	5	3	0	0	0	0	0	112 000	41 000			
12																		

二级科目编号及名称

营业外收入 明细账

总第 165 页 分第 页

2×23年		凭证号数	摘要	贷方										（贷）方金额分析				
月	日			千	百	十	万	千	百	十	元	角	分	债务收入	罚没收入	盘盈利得	捐赠利得	
11			承前页					4	6	0	0	0	0	4 600				
	30	转29	结转收入至本年利润账户					4	6	0	0	0	0	4 600				
	30		本年累计				6	2	3	0	0	0	0	45 100	6 820	2 380	8 000	
12																		

二级科目编号及名称

主营业务成本 明细账

总第 168 页 分第 页

2×23年 月	日	凭证号数	摘要	借方 亿	千	百	十	万	千	百	十	元	角	分	(借)方金额分析 A产品	B产品			
11			承前页			1	0	7	1	0	0	0	0	0	614 000	457 000			
	30	转30	结转费用至本年利润账户			1	0	7	1	0	0	0	0	0	614 000	457 000			
	30		本年累计			4	8	6	2	4	0	0	0	0	3 045 700	1 816 700			
12																			

其他业务成本 明细账

二级科目编号及名称 总第 171 页 分第 页

2×23年 月	日	凭证号数	摘要	借方	（借）方金额分析 材料销售	资产租赁			
11			承前页	3140000	31 400				
	30	转30	结转费用至本年利润账户	3140000	31 400				
	30		本年累计	11200000	86 000	26 000			
12									

二级科目编号及名称

税金及附加 明细账

总第 174 页 分第 页

2×23年 月	日	凭证号数	摘要	借方	（借）方金额分析 城建税	教育费附加	地方教育附加	印花税
11			承前页	24 000 00	14 000	6 000	4 000	
	30	转30	结转费用至本年利润账户	24 000 00	14 000	6 000	4 000	
	30		本年累计	89 100 00	51 100	21 900	14 600	1 500
12	27	付21	现金购印花税票	200 00				200
	31	转24	计算并结转税金及附加	34 800 00	20 300	8 700	5 800	
	31	转29	结转费用至本年利润账户	35 000 00	20 300	8 700	5 800	200
	31		本年累计	124 100 00	71 400	30 600	20 400	1 700

二级科目编号及名称 　　　　销售费用　　　　明细账　　　　总第 177 页　分第　　页

2×23年		凭证号数	摘要	借方									(借)方金额分析					
月	日			百	十	万	千	百	十	元	角	分	广告费	展销费	运输费	材料费	工薪费	折旧费
11			承前页		2	3	2	8	7	3	0	0	32 890	36 500	31 738	100 600	25 965	5 180
	30	转30	结转费用至本年利润账户		2	3	2	8	7	3	0	0	32 890	36 500	31 738	100 600	25 965	5 180
	30		本年累计		8	9	9	9	0	0	0	0	72 100	119 296	52 100	339 100	266 304	51 000
12																		

二级科目编号及名称 ______ **管理费用** 明细账 总第 180 页 分第 ______ 页

2×23年 月	日	凭证号数	摘要	借方	工薪费	修理费	差旅费	办公费	水电费	折旧费	资产摊销
11			承前页	134 320.00	56 240	13 200	1 200	4 680	35 000	24 000	
	30	转 27	计提并结转无形资产摊销	3 750.00							3 750
	30	转 30	结转费用至本年利润账户	138 070.00	56 240	13 200	1 200	4 680	35 000	24 000	3 750
	30		本年累计	682 000.00	302 100	13 200	21 200	12 300	72 000	219 950	41 250
12											

二级科目编号及名称

财务费用 明细账

总第 183 页 分第 页

2×23年 月	日	凭证号数	摘要	借方 千	百	十	万	千	百	十	元	角	分	(借)方金额分析 工本费	利息收入	利息费用	手续费		
11			承前页					8	1	8	9	0	0	69		7 860	260		
	30	转30	结转费用至本年利润账户					8	1	8	9	0	0	69		7 860	260		
	30		本年累计				2	6	9	0	0	0	0	350	5 300	29 300	2 550		
12																			

二级科目编号及名称

信用减值损失　　明细账

总第 186 页　分第　页

2×23年		凭证号数	摘要	借方										(借)方金额分析				
月	日			千	百	十	万	千	百	十	元	角	分	坏账准备	贷款损失准备	债权投资减值准备		

二级科目编号及名称

营业外支出 明细账

总第 189 页 分第 页

2×23年		凭证号数	摘要	借方									(借)方金额分析				
月	日			百	十	万	千	百	十	元	角	分	捐赠支出	罚没支出	盘亏损失		
11			承前页				7	2	6	8	0	0	5 600	1 200	468		
	30	转30	结转费用至本年利润账户				7	2	6	8	0	0	5 600	1 200	468		
	30		本年累计			6	8	0	0	0	0	0	62 600	3 400	2 000		
12																	

所得税费用 明细账

二级科目编号及名称 总第 192 号 分第 页

2×23年 月	日	凭证字号	摘要	对方科目	借方金额（千百十万千百十元角分）	贷方金额（千百十万千百十元角分）	借或贷	余额（千百十万千百十元角分）
11	30	转31	计算并结转本月应交所得税	应交税费	20000000			
	30	转32	结转所得税费用至本年利润账户	本年利润		20000000		
	30		本月合计		20000000	20000000	平	0
			本年累计		115000000	115000000	平	0
12								

明细账

总页 195　　分页

存储地点　　最高存量　　最低存量　　计量单位　　货名

年		凭证字号	摘要	收入（借方）												发出（贷方）												结存											
				数量	单价	金额										数量	单价	金额										数量	单价	金额									
月	日					千	百	十	万	千	百	十	元	角	分			千	百	十	万	千	百	十	元	角	分			千	百	十	万	千	百	十	元	角	分

二级科目编号及名称

明细账

总第 196 页 分第 页

年		凭证号数	摘要	借方										( )方金额分析				
月	日			千	百	十	万	千	百	十	元	角	分					

二级科目编号及名称

明细账

总第 198 页 分第 页

年		凭证字号	摘要	对方科目	借方金额											贷方金额											借或贷	余额										
月	日				亿	千	百	十	万	千	百	十	元	角	分	亿	千	百	十	万	千	百	十	元	角	分		亿	千	百	十	万	千	百	十	元	角	分

二级科目编号及名称

明细账

总第 页 分第 页

年		凭证字号	摘要	对方科目	借方金额											贷方金额											借或贷	余额										
月	日				亿	千	百	十	万	千	百	十	元	角	分	亿	千	百	十	万	千	百	十	元	角	分		亿	千	百	十	万	千	百	十	元	角	分

二级科目编号及名称

明细账

总第 200 页 分第 页

年		凭证字号	摘要	对方科目	借方金额											贷方金额											借或贷	余额										
月	日				亿	千	百	十	万	千	百	十	元	角	分	亿	千	百	十	万	千	百	十	元	角	分		亿	千	百	十	万	千	百	十	元	角	分

二级科目编号及名称

明细账

总第 页 分第 页

年		凭证字号	摘要	对方科目	借方金额											贷方金额											借或贷	余额										
月	日				亿	千	百	十	万	千	百	十	元	角	分	亿	千	百	十	万	千	百	十	元	角	分		亿	千	百	十	万	千	百	十	元	角	分

结算类明细分类账的结账方法

损益类明细分类账的结账方法

浦江市永春机械公司

明细分类账

浦江市永春机械公司
财务专用章

2X23年度

甲式账的登记方法

乙式账的登记方法

多栏式明细分类账的登记方法

明细分类账封底

会计论道与素质教育

贪婪的猴子——会计工作谨防贪婪

在阿尔及尔地区有一种猴子，经常偷食农民的玉米。当地的农民根据这些猴子的特性，发明了一种捕捉猴子的巧妙方法。农民们把一只葫芦型的细颈瓶子固定在大树上，再在瓶子中放入猴子们最爱吃的玉米，然后就“静候佳音”了。到了晚上，猴子来到树下，见到瓶中的玉米十分高兴，就把爪子伸进瓶子去抓玉米。这种瓶子的妙处就在于猴子的爪子刚刚能够伸进去，当它抓住一把玉米时，爪子却怎么也拉不出来了。贪婪的猴子绝不可能放下已到手的玉米，就这样，它的爪子也就一直抽不出来，它就死死地守在瓶子旁边。直到第二天早晨，农民把它抓住的时候，它依然不会放开爪子，直到要把那玉米放入嘴中。

资料来源　张健鹏，胡足青．老谋深算（小中见大智慧文丛）[M]．北京：当代世界出版社，2005.

教授寄语：党的二十大报告中提出：“腐败是危害党的生命力和战斗力的最大毒瘤，反腐败是最彻底的自我革命。只要存在腐败问题产生的土壤和条件，反腐败斗争就一刻不能停，必须永远吹冲锋号。”人从猴子进化而来，当然比猴子聪明。如果把玉米换成金钱、权力，上当的恐怕就是人而不是猴子了。会计与金钱打交道，莫伸手，伸手必被捉。

新闻速递

与华尔街与狼共舞
小米上市艰难历程

日记账

（库存现金、银行存款）

2×23年度

库存现金日记账的登记方法

银行存款日记账结账方法

日记账封底

一张讨债单——会计人员也并非不近人情

一位朋友在一家外企做会计。公司的贸易业务很忙，工作节奏很快，往往是上午对方的货刚发出，中午账单就传真过来了，随后就是快递过来的发票、运单等。朋友的桌子上总是堆满了各种讨债单。讨债单太多了，都是千篇一律地要钱，朋友常不知该先付谁的好，经理也一样，总是大概看一眼就扔在桌上，说："你看着办吧。"但有一次经理却马上说："付给他！"仅有的一次！那是一张从巴西传真来的账单，除了列明货物标的、价格、金额外，在空白处写着一个大大的"SOS"，旁边还画了一个头像，头像正在滴着眼泪，简单的线条，但很生动。这张不同寻常的账单一下子引起了朋友的注意，也引起了经理的重视，经理一看便说："人家都流泪了，以最快的方式付给他吧。" 经理和这位朋友心里都明白，这位讨债人未必在真的流泪，但他却成功了，以最快速度讨回大额货款。因为他多用了一点心思，把简单的"给我钱"换成了一个富含人情味的小幽默。仅此一点，就从千篇一律中脱颖而出。

资料来源　张健鹏，胡足青．心有灵犀（小中见大智慧文丛）[M]．北京：当代世界出版社，2005.

教授寄语：世界上每天都有很多人在碰壁，他们都千篇一律地在用规范但雷同的运作方式，其实一点小小的改进、一种新的方式就可能会给自己带来好运。

新闻速递

粉饰报表伪造单据
华锐风电"吃"顶格罚单

总分类账登记
——逐笔登记法

总分类账的登记
——汇总登记法

浦江市永春机械公司

总　分　类　账

浦江市永春机械公司　财务专用章

2×23年度

总分类账的
结账方法

总分类账封底

会计论道与素质教育

薪酬差别——会计工作要用心去做

两个同龄的年轻人同时受雇于一家店铺，并且拿同样的薪水。可是一段时间后，叫阿诺德的小伙子青云直上，而叫布鲁诺的小伙子却仍在原地踏步。布鲁诺很不满意老板对他的不公正待遇。终于有一天他到老板那儿发牢骚了。老板一边耐心地听着他的抱怨，一边在心里盘算着怎样向他解释清楚他和阿诺德之间的差别。“布鲁诺先生，”老板开口说话了，“您现在到集市上去一下，看看今天早上有什么卖的。”布鲁诺从集市上回来向老板汇报说，一个农民拉了一车土豆在卖。“有多少？”老板问。布鲁诺赶快又跑到集上，然后回来告诉老板一共40袋土豆。“价格是多少？” 布鲁诺第三次跑到集上问来了价格。“好吧，”老板对他说，“现在请您坐到这把椅子上一句话也不要说，看看别人怎么说。”

于是，老板把阿诺德叫来，同样要他到集市上看看早上有什么卖的。阿诺德很快就从集市上回来了，向老板汇报说到现在为止只有一个农民在卖土豆，一共40袋，价格是多少多少；土豆质量很不错，他还带回来一个让老板看看。阿诺德又说，这个农民一个钟头以后还会弄几箱西红柿到集市上卖，据他看价格非常公道。昨天他们铺子的西红柿卖得很快，库存已经不多了。阿诺德想这么便宜的西红柿老板肯定会要买一些的，所以他不仅带回了一个西红柿做样品，还把那个农民也带来了，他现在正在外面等回话呢。此时老板转向了布鲁诺，说：“现在您肯定知道为什么阿诺德的薪水比您高了吧？”

资料来源　张健鹏，胡足青. 心有灵犀（小中见大智慧文丛）[M]. 北京：当代世界出版社，2005.

教授寄语：同样的小事情，有心人做出大学问，不动脑子的人只会来回跑腿而已。别人对待你的态度，就是你做事情结果的反应，像一面镜子准确无误，你如何做的，它就如何反射回来。

新闻速递

躲在$20m^2$房间疯狂造假5.8亿

浦江市永春机械公司

会　计　报　表

浦江市永春机械公司
★
财务专用章

（资产负债表、利润表）

2×23 年度

会计报表封底

会计论道与素质教育

自己建造的房子——会计工作要善始善终

有个老木匠准备退休，他告诉老板，自己要离开建筑行业，回家享受天伦之乐。老板舍不得做得一手好活计的木匠走，再三挽留，木匠决心已下不为所动。老板只得答应，但问他是否可以帮忙再建一座房子，老木匠答应了。在盖房过程中，大家都看得出来，老木匠的心已不在工作上了。用料也不那么严格，做出的活计也全无往日水准。老板并没有说什么，只是在房子建好后，把钥匙交给了老木匠。“这是你的房子。”老板说，“我送给你的礼物。”老木匠楞住了，同样，他的后悔与羞愧大家也都看出来了。他这一生盖了多少好房子，最后却为自己建了这样一幢粗制滥造的房子。

资料来源 张健鹏，胡足青．并非偶然（小中见大智慧文丛）[M]．北京：当代世界出版社，2005.

教授寄语：其实我们每时每刻都在为自己建造着生命的归宿，今天的任何一个不负责任的后果，都会在以后的某个地方等着你。

新闻速递

谎言连环套中套
物流账单露马脚

浦江市永春机械公司

记账凭证封面

第	册
共	册

自　年　月　日至　年　月　日

凭证名称	凭证起讫号码		凭证张数	附件张数	备注
	自	至			

会计档案	全宗号	目录号	案卷号	保管年限

财会主管　　　　装订

记账凭证封底

抽出凭证记录

抽出日期			抽出凭证名称	抽出原因	抽出人签字	经管人签字	归还日期			收件人
年	月	日					年	月	日	

浦江市永春机械公司

第	册
共	册

记账凭证封面

自　　年　　月　　日至　　年　　月　　日

凭证名称	凭证起讫号码		凭证张数	附件张数	备注
	自	至			

会计档案	全宗号	目录号	案卷号	保管年限

财会主管　　　　装订

记账凭证封底

抽出凭证记录

抽出日期			抽出凭证名称	抽出原因	抽出人签字	经管人签字	归还日期			收件人
年	月	日					年	月	日	

浦江市永春机械公司

记账凭证封面

第	册
共	册

自　　年　　月　　日至　　年　　月　　日

凭证名称	凭证起讫号码		凭证张数	附件张数	备注
	自	至			

会计档案	全宗号	目录号	案卷号	保管年限

财会主管　　　　装订

记账凭证封底

抽出凭证记录

抽出日期			抽出凭证名称	抽出原因	抽出人签字	经管人签字	归还日期			收件人
年	月	日					年	月	日	

浦江市永春机械公司

记账凭证封面

第	册
共	册

自　　年　　月　　日至　　年　　月　　日

凭证名称	凭证起讫号码		凭证张数	附件张数	备注
	自	至			

会计档案	全宗号	目录号	案卷号	保管年限

财会主管　　　　装订

记账凭证封底

抽出凭证记录

抽出日期			抽出凭证名称	抽出原因	抽出人签字	经管人签字	归还日期			收件人
年	月	日					年	月	日	

年 月 第 号至第 号 第 册 共 册

记账凭证装订包角

年 月 第 号至第 号 第 册 共 册

记账凭证装订包角

穿孔

折叠线

包角使用说明：

首先，该面朝上，与凭证左上角对齐。①采用“手工穿线装订法”的，在包角所给“●”处打孔，然后穿线并结紧；②采用“铆管装订机装订法”的，在包角所给“⊕”处打孔，然后插入铆管并热铆装订。其次，沿折叠线往上折。最后，将包角的两翼往后折并涂胶水粘紧。

沿虚线（打孔线）裁下成两个十字包角

穿孔

折叠线

包角使用说明：

首先，该面朝上，与凭证左上角对齐。①采用“手工穿线装订法”的，在包角所给“●”处打孔，然后穿线并结紧；②采用“铆管装订机装订法”的，在包角所给“⊕”处打孔，然后插入铆管并热铆装订。其次，沿折叠线往上折。最后，将包角的两翼往后折并涂胶水粘紧。

沿虚线（打孔线）裁下成两个十字包角

包角使用说明：

首先，该面朝上，与凭证左上角对齐。①采用“手工穿线装订法”的，在包角所给“●”处打孔，然后穿线并结紧；②采用“铆管装订机装订法”的，在包角所给“⊕”处打孔，然后插入铆管并热铆装订。其次，沿折叠线往上折。最后，将包角的两翼往后折并涂胶水粘紧。

包角使用说明：

首先，该面朝上，与凭证左上角对齐。①采用“手工穿线装订法”的，在包角所给“●”处打孔，然后穿线并结紧；②采用“铆管装订机装订法”的，在包角所给“⊕”处打孔，然后插入铆管并热铆装订。其次，沿折叠线往上折。最后，将包角的两翼往后折并涂胶水粘紧。